W0329043

Resilienz ist erlernbar:

Das Buch zur inneren Stärke, Schritt für Schritt Resilienz trainieren, Stress bewältigen – Depressionen + Burnout verstehen und vorbeugen – 2 in 1 inklusive Selbsttest

1. Auflage

von Anton Baumstark

1. Auflage

©2020 Anton Baumstark

Alle Rechte vorbehalten.

Inhaltsverzeichnis

Herzlich willkommen

Liebe Leserin, lieber Leser,

ich freue mich sehr, dich in diesem Buch begrüßen zu dürfen. Du möchtest gerne an deiner Resilienz, der psychischen Widerstandskraft, arbeiten, vielleicht, weil du leichter durch dein Leben gehen möchtest oder einfach nicht mehr eiskalt erwischt werden willst.

Zum Glück ist die Resilienz erlernbar und es ist nie zu spät, die Resilienz aufzubauen! Allerdings ist das ein Projekt, welches seine Zeit braucht.

Die Resilienz besteht aus sieben verschiedenen Komponenten, aus denen sie sich letzten Endes zusammensetzt. Man nennt sie die sieben Säulen der Resilienz. Diese alle gleich gut beherrschen zu können, sie auch zu fühlen, das ist es, worum es bei der Resilienz eigentlich geht. Doch wollen wir an dieser Stelle das Pferd nicht von hinten aufzäumen.

In diesem Buch möchte ich dir dabei helfen, die Resilienz zunächst zu verstehen. Dazu gucken wir uns die Frage genauer an, was Resilienz überhaupt ist. Anschließend beschäftigen wir uns mit dem Thema der Relevanz: Warum ist die Resilienz überhaupt so wichtig? Und schon kommen wir zu den sieben Säulen der Resilienz! Nachdem du diese kennengelernt hast, fragst du doch sicher, ob es die eine Säule als besonderes Merkmal der Resilienz gibt. Die Antwort wird dich vielleicht überraschen, doch möchte ich dir an dieser Stelle nicht zu viel verraten!

Im zweiten Kapitel geht es um die Frage, warum sich die Resilienz lohnt, auch wenn der Weg manchmal etwas mehr Zeit in Anspruch nimmt. Erfahre, warum du von der Resilienz profitieren kannst.

Das dritte Kapitel klärt dich über die Macht der Gedanken auf. Sie sind ein mächtiges Instrument und mit ihnen lässt sich deine Resilienz beeinflussen. Das glaubst du nicht? Dann darfst du dich auf Themen freuen, wie beispielsweise der Zusammenhang zwischen Emotionen und Gedanken, warum Situationen emotional zunächst neutral sind und wie das Denken überhaupt funktioniert.

In diesem Buch soll dir aber nicht nur Theorie vermittelt werden, sondern ich möchte dir auch zeigen, wie du deine Resilienz aufbauen und ausbauen kannst. Hierzu habe ich dir das Kapitel *Resilienz bewerten und aufbauen* mitgebracht.

Wir schauen uns die sieben Säulen nun bei dir an! Mittels jeweils zehn Fragen zu den sieben Säulen ermitteln wir, wie es um deine Resilienz steht. Zu jeder Säule erhältst du außerdem Übungen, die diese Säule stärken sollen, sodass du am Ende des Buches in aller Ruhe, vor allem aber in deinem Tempo an der Resilienz arbeiten kannst.

Du darfst das Erlernen der Resilienz nicht als etwas verstehen, was du erlernen kannst, wie es in der Schule, der Ausbildung oder dem Studium der Fall ist. Es geht bei der Resilienz um persönliche Eigenschaften und Einstellungen, um die Art und Weise des Denkens, aber auch des Handelns. Resilienz, das ist demnach also ein persönliches Wachstum in verschiedenen Aspekten des menschlichen Seins. Mit der Resilienz wirst du leichter und einfacher durch das Leben gehen. Doch verwechsle das nicht damit, dass es keine Probleme mehr geben wird! Die Resilienz wird dich aber einfacher durch stürmische Zeiten manövrieren können.

Und somit möchte ich dich nun auf die Reise in die Welt der Resilienz mit folgendem Zitat einladen:

„Wenn alles gegen dich zu laufen scheint, erinnere dich daran, dass das Flugzeug gegen den Wind abhebt, nicht mit ihm.“

Henri Ford

Teil 1: Was ist Resilienz?

Resilienz ist ein Begriff, welcher derzeit nicht nur in aller Munde, sondern auch von größerer Bedeutung denn je ist. Die Resilienz beschreibt die eigene Widerstandskraft. Hierbei spielen logischerweise verschiedene Faktoren eine Rolle.

Die Widerstandskraft kann sich auf den Körper, aber auch auf die Psyche beziehen. Hier solltest du aber wissen, dass Körper und Psyche zusammenhängen und miteinander interagieren. Du kannst dir das so vorstellen, dass bei langanhaltender Krankheit auch die Psyche beginnt zu leiden. Andersherum hast du sicherlich schon einmal von der Psychosomatik gehört. Psychische Erkrankungen äußern sich seelisch. Aber nicht nur in diesen groben Zügen ist der Zusammenhang zwischen Körper und Psyche zu erkennen. Bist du seelisch angeschlagen, dann äußert sich das auch körperlich, indem dein Immunsystem schlechter arbeitet und du eher krank wirst. Andersherum: Wenn du dich verletzt hast, dann bist du wahrscheinlich in keiner Hochstimmung, sondern neigst eher dazu, ein Stimmungstief zu haben.

Was hat das aber nun mit der Resilienz gemein? Die Resilienz beschreibt die Widerstandskraft und in diesem Buch soll es hauptsächlich um die psychische Widerstandskraft gehen. Du weißt aber nun, dass auch der Körper immer ein Stück mit daran beteiligt ist.

Die psychische Widerstandskraft zeigt an, wie gut du mit Problemen umgehen kannst, ob du in der Lage bist, dich durch Krisensituationen sicher zu manövrieren und wie resistent du gegenüber Stress und stressigen Situationen bist. Daraus kannst du demnach ableiten, dass die Resilienz nicht angeboren ist, sondern erlernt werden muss. Nun scheint es Menschen zu geben, die jede Situation mit Bravour und Leichtigkeit meistern, während andere Menschen schon an der kleinsten Hürde zu scheitern drohen. Man kann also durchaus behaupten, dass ein Mensch mehr und ein anderer Mensch weniger resilient ist.

Brauchst du Resilienz?

Mit dem Beginn der Industrialisierung wurde die Resilienz zunehmend wichtiger für den Menschen. Die Zeiten hatten sich geändert und das im wahrsten Sinne des Wortes. Zeit spielte eine immer größere Rolle und mit der Zeit kam auch der Stress. Viele Menschen sind also nicht nur körperlich zerbrochen, sondern auch psychisch.

Wenngleich wir heutzutage weniger körperlich arbeiten müssen – Ausnahmen bestätigen hier die Regel – so ist der Druck doch keineswegs gesunken! Das Gegenteil ist der Fall. Mit dem technischen Fortschritt und der Globalisierung sind wir Menschen ersetzbar geworden und verlieren zunehmend die Individualität. Wenn wir kränkeln, dann heißt es längst nicht mehr, dass wir uns auskurieren können, bis wir gesund sind. Es gibt Medikamente, damit wir auf dem schnellsten Weg wieder fit werden. Langzeitkrankheiten können den Verlust des Jobs bedeuten und ohne Job stehen wir schnell hochverschuldet im sozialen Aus. Nein! Das möchte niemand. Wie die Geier lauern andere Menschen auf unseren Arbeitsplatz und wir werden angetrieben, immer schneller, höher und besser voran zu kommen. Dem Druck ist niemand auf Dauer gewachsen! Dann gibt es aber jene Menschen, denen es anders ergeht. Sie gehen sorgloser, freier und leichter durch das Leben. Sie sind nicht bekümmert um ihren Job oder haben Angst vor Auseinandersetzungen mit dem Chef. Sie ruhen in sich und irgendwie scheint es so, als würde die Technisierung und

Globalisierung einfach an ihnen vorbeiziehen. Private Konflikte oder Probleme in der Beziehung lösen sie, wie es sonst nur Filme aus Hollywood können. Beneidenswert! Kennst du auch solche Menschen? Das sind jene Menschen, die von ihrer Resilienz profitieren. Das bedeutet nicht, dass diese Menschen keine Trauer, Wut oder Angst empfinden – ganz im Gegenteil! Auch resiliente Menschen verspüren die gesamte Palette der Emotionen. Sie haben nur einen Weg gefunden, diese zu händeln, damit umzugehen und ihre eigenen Stärken zu nutzen, um sich sicher an das Ziel zu bringen.

Wenn es solche Menschen gibt und die Resilienz zu erlernen ist, dann liegt eine Schlussfolgerung nahe: Das möchtest du auch erlernen! Und genau dabei möchte ich dir nun helfen!

Du weißt bereits, was die Resilienz ist, dass es verschiedene Resilienzen gibt und du weißt, warum die Resilienz so wichtig für dich ist. Schauen wir uns im nächsten Schritt die Resilienz doch einmal im Detail an!

Die sieben Säulen der Resilienz

Sprechen wir von der Resilienz, dann sprechen wir auch immer von den sieben Säulen der Resilienz. Diese sollen die Resilienz nicht nur besser beschreiben, sondern ebenfalls aufzeigen, worauf die in unserem Fall psychische Widerstandskraft fußt.

Es lässt sich tatsächlich sagen, dass die Resilienz als Fähigkeit beschrieben werden kann, die auch du erlernen kannst. Vielleicht hast du bereits durch die folgenden Seiten geblättert oder das Inhaltsverzeichnis genauer studiert und dir somit die sieben Säulen bereits durchgelesen. Hierbei handelt es sich nämlich um die sogenannten Faktoren der Resilienz, wie die Säulen in Fachkreisen genannt werden:

- Optimismus
- Akzeptieren
- Lösungsorientierung
- Verlassen der Opferrolle
- Verantwortungsbewusstsein
- Das soziale Geflecht und
- Zukunftsperspektiven

Diese sieben Faktoren sind, wie du bereits weißt, nicht angeboren, aber sie bilden die Resilienz, die dich sicher und souverän durch Krisen und widrige Lebensumstände trägt, sodass du unbeschadet, ja sogar gestärkt daraus hervorgehen kannst. Es geht also darum, diese sieben Faktoren oder Säulen in ein Gleichgewicht zu bringen, damit alles perfekt harmoniert und du davon profitieren kannst. Sicherlich kannst du dir denken, dass es kein leichtes Vorhaben ist, denn jeder startet mit anderen Grundvoraussetzungen. So ist bei dem einen Menschen der Optimus sehr gut ausgeprägt, dafür mangelt es ihm aber an Verantwortungsbewusstsein. Die Konstellationen sind schier unendlich! Woran es dir aber mangelt, werden wir in einem späteren Kapitel gemeinsam herausfinden. Hier soll es nun ausschließlich um die sieben Säulen gehen und was jede einzelne Säule, beziehungsweise Faktor, ausmacht! Gehen wir also der Reihe nach vor und beginnen wir mit dem Optimismus.

Optimismus

Der Optimismus ist die erste Säule der Resilienz. Je mehr Optimismus ein Mensch hat, umso besser steht es in diesem Punkt um seine

Resilienz. Doch was soll Optimismus überhaupt sein? In Bezug auf Resilienz bedeutet der Optimismus hauptsächlich eine positive Ansicht der Welt und natürlich ein positives Selbstkonzept, nach dem du lebst.

Hier geht es also um deine Einstellung: Ist das Glas halb voll oder halb leer? So können Enttäuschungen als negative Strafe oder aber als Erfahrung angesehen werden. Gleiches zählt für neue, sich plötzlich entwickelnde Situationen. Diese können von dir als bedrohlich und gefährlich wahrgenommen werden. Zählst du zu den Optimisten, dann sind sie eine neue Chance, vielleicht um neue Dinge kennenzulernen.

Die Königsdisziplin des Optimismus ist aber das positive Selbstbild. Hier hadern viele Menschen mit sich, kommt hier doch zusätzlich noch das Selbstvertrauen ins Spiel. Wenn du davon überzeugt bist, dass alles gut wird, du deinen Weg gehen wirst, dann mobilisierst du ganz automatisch alle nötigen Ressourcen, um dieses Ziel zu erreichen. Das führt aber wiederum ebenfalls dazu, dass sich dein Selbstbild zum Positiven wandelt.

Wie du nun also merkst: Der Optimismus setzt sich aus vielen verschiedenen Komponenten zusammen, die am Ende darüber entscheiden, wie optimistisch du bist.

Akzeptieren

Das Akzeptieren ist die zweite Säule der Resilienz. Hier geht es darum, die Situation, Gegebenheit, den Konflikt, aber auch die Krise so zu akzeptieren, wie sie ist. Das ist nicht einfach und du kannst dir denken, dass viele Menschen hier mit sich hadern. Akzeptieren bedeutet aber wiederum nicht, dass du alles so hinnehmen musst, wie es kommt! Hier muss differenziert werden. Schließlich bist du für dein eigenes Handeln, Denken und Fühlen selbst verantwortlich. Mit dem Akzeptieren von den Gegebenheiten sind all jene Situationen und Umstände gemeint, die sich deinem Einflussbereich entziehen. Es geht also darum, solche Situationen und Umstände anzunehmen, wie sie sind, da du keinen Einfluss darauf nehmen kannst. Das bedeutet aber auch, sich den Situationen zu stellen und die damit verbundenen Gefühle zuzulassen. Meist sind dies Trauer, Wut, Ärger und Zorn. Du kannst also nur akzeptieren, wenn du auch gleichzeitig die damit verbundenen Gefühle akzeptierst. So lernst du dich nicht nur besser kennen, sondern kannst deine Erfahrungen erweitern und viel schneller zum inneren Gleichgewicht finden. Und genau dieser Umstand bringt noch einen entscheidenden Faktor mit sich: Wer das Akzeptieren beherrscht, der ist insgesamt weniger streitlustig und hat weniger Stress. Das ergibt auch Sinn, denn du sparst viel mehr Energie ein, wenn du Dinge und Situationen, die du sowieso nicht ändern kannst, einfach annimmst, als dich dagegen aufzulehnen.

Natürlich liest sich dieser Teil nun einfach und plausibel, doch die Umsetzung ist nicht einfach! Schließlich will das Akzeptieren gelernt sein! Wie das geht und was du dafür tun musst, wirst du im weiteren Verlauf dieses Buches noch in Erfahrung bringen.

Lösungsorientierung

Die dritte Säule der Resilienz beschäftigt sich mit der Lösungsorientierung. In der Regel werden für Probleme Lösungen benötigt – so viel steht fest. Aber Lösung ist in diesem Fall nicht gleichzusetzen mit einer Lösung. Bei der Resilienz geht es nicht darum, Probleme einfach irgendwie zu lösen und zu beheben, sondern es ist eine Perspektivenfrage. Hier kommt bereits auch der Optimismus zum Tragen. Die Frage ist nämlich, ob du die Lösung eines Problems als Chance ansiehst, das Problem und dessen Lösungsweg in ganz neue Bahnen mit ganz neuen Möglichkeiten zu lenken, oder ob du einfach nur ein lästiges Problem loswerden willst. Resiliente Menschen nutzen zur Lösung eines Problems darüber hinaus ihre eigenen Ressourcen. Außerdem spielt die eigene Denkweise eine große Rolle. So können resiliente Menschen Probleme als Chance und neue Möglichkeit betrachten. Diese Sichtweise ermöglicht es resilienten Menschen, sich ein Fundus an verschiedenen Lösungsstrategien und -wegen zusammenzustellen, aus denen sie im Falle eines Problems wählen können, oder diese weiterentwickeln, um eine angemessene Lösung kreativ zu erstellen.

Warum ist das für die Resilienz von Bedeutung? Es ist gut zu wissen, dass man Probleme angehen und eigenständig meistern kann! So ist man nicht länger der Spielball, der nicht eingreifen kann, sondern man kann aktiv die Situation ändern und beeinflussen! Und genau das bringt uns zur vierten Säule der Resilienz.

Keine Opferrolle mehr

Sicherlich kennst du Situationen, in denen du dich ausgeliefert fühlst und keinen Einfluss zu haben scheinst. Dies muss nicht unbedingt auf andere Menschen bezogen sein. Du kannst auch deinen eigenen Gefühlen ausgeliefert sein oder aber deinen eigenen Gedanken. Dies nennt sich Opferrolle. Resiliente Menschen allerdings beherrschen die Selbststeuerung. Was bedeutet das? Selbststeuerung meint, dass man sich in den verschiedensten Situationen angemessen regulieren kann, sich also beruhigt oder aktiviert, um angemessen auf verschiedene Situationen reagieren zu können. Dadurch wird die Opferrolle verlassen und die Selbststeuerung bewusst angegangen. Stell dir hierzu einmal vor, du befindest dich gerade in einer mächtig stressigen Phase oder Situation. Der Druck sitzt dir im Nacken und du weißt gar nicht so recht, wo dir der Kopf steht. Bist du nun in der Opferrolle, dann fühlst du dich diesen Situationen schutzlos ausgeliefert und außerdem hast du das Gefühl der Handlungsohnmacht. Resiliente Menschen hingehen bleiben auch in solchen Situationen ruhig und gelassen und gehen dabei besonders besonnen durch die stressige Phase oder die stressige Situation. So kommt es, dass ihre Entscheidungen weder zu emotional noch zu rational sind, sondern sie sind ausgewogen. Das befähigt resiliente Menschen, bewusste Entscheidungen zu treffen, hinter denen sie stehen und die nicht bereut werden. Es lohnt sich also, die Opferrolle zu verlassen und seinen eigenen Weg mit der Selbstregulation zu finden.

Verantwortungsbewusstsein

Verantwortung, das ist ein mächtiges Wort mit sehr großen Konsequenzen. Viele Menschen verzichten herzlich gerne darauf, Verantwortung übernehmen zu müssen. Dabei geht es besonders bei der Resilienz und der fünften Säule um die Verantwortung.

Doch wir gehen nicht ins Große und Ganze, sondern wir bleiben bei dem einzelnen Menschen. Denn setzt man das Verantwortungsbewusstsein in Zusammenhang mit der Resilienz, dann ist gemeint, Verantwortung für das eigene Leben zu übernehmen. Das schließt übrigens ein, die eigenen Gedanken, Gefühle, aber auch Handlungen und Taten zu verantworten. Auf dieser Weise können resiliente Menschen ihr eigenes Leben kontrollieren und regulieren. Nun lässt es sich nicht immer vermeiden, auch einmal zum Opfer der Umstände zu werden. Auch resiliente Menschen bekommen dann und wann die Opferrolle aufs Auge gedrückt. Allerdings kommen bei resilienten Menschen schnell das Verantwortungsbewusstsein und die Akzeptanz durch. So ist es nicht ihr Ziel, weiterhin der Spielball der Umstände zu sein, sondern vielmehr geht es ihnen darum, die Opferrolle schnellstmöglich zu verlassen. Sie nehmen also einen Einfluss auf ihr Handeln, Denken und Fühlen und begehen somit Schritt für Schritt den Weg aus der Opferrolle heraus. Manchmal unterlaufen aber auch den resilientesten Menschen Fehler. Aber anstatt daran zu scheitern, werden diese als Erfahrung angesehen. Schließlich wissen resiliente Menschen, wie es beim nächsten Mal besser klappt. Und so hangeln sie sich aus der Opferrolle hinaus, immer mit der Verantwortung für ihr eigenes Denken, Fühlen und Handeln und dem Wissen, dass sie diese Hürde meistern werden.

Verantwortungsbewusstsein meint also auch, die Verantwortung für das eigene Leben zu übernehmen und das mit allem, was dazu gehört, und davon am Ende profitieren zu können.

Das soziale Geflecht

Die sechste Säule steht für die sozialen Kontakte. Hierbei geht es nicht darum, wie viele Menschen du kennst, sondern wie die Qualität der Beziehung zu den Menschen ist und welchen Umgang diese Beziehungen pflegen. Es sollten natürlich Empathie (Einfühlungsvermögen) und Wertschätzung bei den Beziehungen zu den Menschen ganz vorne stehen! Denn so lässt sich ein soziales Geflecht, ähnliches eines Sicherheitsnetzes, errichten, welches die Resilienz stärkt. Das ist auch nur logisch. So muss ein resilienter Mensch mit einem gut ausgeprägten sozialen Geflecht nicht alleine durch Probleme und raue Zeiten gehen. Es gibt Menschen in seinem Umfeld, die ihn stützen und unterstützen. Die Beziehungen zeichnen sich darüber hinaus durch ein Geben und Nehmen aus, es ist also keine Einseitigkeit. Auch der Austausch mit den Menschen des sozialen Geflechts ist positiv. So entsteht hier eine Wechselwirkung zwischen beiden Menschen, die durch die Erfahrungen des jeweils anderen profitieren. Das gibt Kraft, Hoffnung und Zuversicht! Kein Wunder, dass das soziale Geflecht bei der Resilienz eine große und gewichtige Rolle spielt.

Doch weniger ist mehr! Hier geht es, wie eingangs beschrieben, nicht darum, so viele Menschen, wie es nur eben möglich ist, zu kennen, sondern es geht darum, die Qualität der Beziehung als gut bewerten zu können. Und wenn wir einmal ehrlich sind: Es ist doch besser, nur wenige gute Freunde zu haben, als einen Haufen Bekannter, zu denen du keinen intensiven Kontakt hast und keinen intensiven Austausch pflegen kannst.

Zukunftsperspektiven

Der Blick in die Zukunft sieht für viele Menschen düster aus. Die wenigsten schaffen es nämlich, sich von ihrer Vergangenheit loszueisen und neue Wege zu begehen. Dabei sind die Zukunftsperspektiven für die Resilienz entscheidend und bilden nicht umsonst die siebte und letzte Säule.

Die Zukunftsperspektive meint allerdings nicht, dass deine Gedanken Jahre in die Zukunft gerichtet werden müssen. Wir bleiben im Kleinen und gehen vielleicht ein paar Tage weit in die Zukunft. Immer wieder kann man beobachten, dass es sogenannte selbsterfüllende Prophezeiungen gibt. Diese gehen von uns selbst aus. Von deinen Gedanken ausgehend, wirst du unbewusst auf dein gesetztes Ziel hinarbeiten. Wenn du nun negativ denkst, dann ist es nur logisch, dass sich die negativen Ziele durchsetzen. Gehen wir hierzu einmal davon aus, dass du übermorgen ein wichtiges Gespräch mit deinem Chef hast. Es geht um eine Gehaltserhöhung, die du begründen sollst. Nun vertrittst du aber die Meinung, dass du es nicht schaffen wirst, dass du vielleicht sogar nie eine Gehaltserhöhung erhältst. Ganz unbewusst adaptierst du diese Gedanken in dein Handeln und arbeitest somit auf das Ziel hin, keine Gehaltserhöhung zu bekommen. Das geschieht natürlich nicht willentlich von dir, denn schließlich freut sich jeder über etwas mehr Gehalt! Resiliente Menschen hingegen sind der Zukunft positiv gegenüber gestimmt und demnach können sie auch positive Ziele in der Zukunft setzen sowie erreichen. Ein resilienter Mensch führt das Gespräch mit dem Chef und lässt sich nicht bei dem kleinsten Widerstand aus dem Sattel werfen! Stattdessen setzt er seine Interessen durch, um sich selbst eine bessere Zukunft zu schaffen.

Die Zukunftsperspektiven sind also ein wesentlicher Teil der Resilienz. Je positiver du deiner Zukunft gegenüber gestimmt bist, umso eher kannst du deine Ziele erreichen, eventuelle

Rückschläge verkraften und außerdem setzt du viele Kräfte frei, die dich beflügeln!

Gibt es die eine Säule?

Nachdem du nun die sieben Säulen der Resilienz kennengelernt hast, stellt sich sicherlich die Frage, ob es eine Säule gibt, die besonders wichtig für dich ist. Grundsätzlich lässt sich diese Frage mit einem Nein beantworten. Alle sieben Säulen der Resilienz sind wichtig. Allerdings geht es hier um ein Gleichgewicht, welches du erreichen sollst. Stelle dir hierzu vor, dass die Resilienz das schützende Haus ist, welches du bauen möchtest. Für dieses Bauvorhaben brauchst du aber ein Fundament, welches aus den sieben Säulen besteht. Du kannst dir sicherlich denken, dass es ein instabiles Konstrukt wird, wenn zwei Säulen zu hoch oder zu niedrig sind. Bei der Resilienz geht es also darum, die Säulen alle auf ein Level zu bringen, sodass du das Haus sicher und stabil oben draufsetzen kannst. Dazu musst du dich selbst gut einschätzen können, ohne dich dabei selbst zu belügen. Vielen Menschen fällt eben jener Punkt besonders schwer.

Oftmals ist eine subjektive Einschätzung auch nicht jener Weg, welcher klare Aussagen über den aktuellen Ist-Zustand verrät. Das Problem ist, dass sich jeder anders wahrnimmt, wie die Menschen im Umfeld es tun würden. Da stellt sich also die nächste Frage: Wer hat recht?

Oftmals stellen wir unser eigenes Licht unter den Scheffel, stellen uns schlechter dar, als wir tatsächlich sind. Doch gibt es auch eine Diskrepanz zwischen dem, was du fühlst, und zwischen dem, was andere von dir wahrnehmen. Zum Glück gibt es einen einfachen Weg herauszufinden, wie es um deine sieben Säulen steht! Schaue doch einfach einmal in dem Kapitel „So wird die Resilienz gestärkt“ nach!

Deine Vorteile mit Resilienz

Du hast so eben die Resilienz kennengelernt. Sicherlich hört sich das für dich in der Theorie super an und vor allem auch umsetzbar. Ein wenig mehr Optimismus hier, etwas mehr Akzeptieren dort. Doch du wirst am Ende des Buches merken, dass es nicht so ganz einfach ist, die Resilienz aufzubauen. Schließlich handelt es sich nicht um ein Rezept, welches du binnen einer Stunde kochst, und am Ende erhältst du die Resilienz! Die Resilienz aufzubauen ist ein tägliches Lernen verschiedener persönlicher Aspekte, Einstellungen und Auffassungen.

Mitunter kann es Jahre dauern, bis die Resilienz aufgebaut ist. Warum sage ich dir so etwas vielleicht für dich Entmutigendes? Ganz einfach, weil es die Wahrheit ist. Würde ich dir sagen, dass es lediglich eine Woche dauert und du bist die Resilienz in Person, dann würde ich dich nicht nur frustrieren, sondern dein Vorhaben zunichtemachen. Aus diesem Grund möchte ich bei der Wahrheit bleiben. Allerdings kannst du dir immer das Ziel vor Augen halten und das wird deine Resilienz zum ersten Mal stärken. Denn in diesem Kapitel soll es darum gehen, warum sich dieser Zeiteinsatz für dich lohnen wird. Außerdem sollst du wissen, dass schon mit den ersten Veränderungen viel Positives auf dich zurückfällt. Wenngleich du mit der ersten Übung noch keine absolute Resilienz aufgebaut hast, so merkst du aber, dass es einfacher wird! Doch zurück zum Thema. Warum lohnt es sich nun, diesen langen und nicht immer ganz einfachen Weg zu beschreiten?

Probleme im Alltag?

Der Alltag ist wohl das, was vielen von uns zu schaffen macht! Es ist der immergleiche Ablauf, das ewige Grau und der Spagat zwischen Beruf, Freizeit, Freunden und sozialen Unternehmungen. Manche Tage laufen strukturiert ab, andere enden im heillosen Durcheinander und Chaos. Doch genau in diesem tristen Niemandsland wird die Resilienz gerne bombardiert und untergraben. Der Alltag ist dein tägliches Leben, welches Anforderungen an dich stellt. Du gehst arbeiten oder studierst vielleicht. Je nach aktueller Lage kommt dein Privatleben gerne zu kurz. Obwohl du am liebsten nach einem anstrengenden Tag die Füße hochlegen, vielleicht ein gutes Buch lesen oder einfach ein angenehm wohltuendes Bad genießen würdest, klingelt das Telefon. Deine Hilfe wird dringend gebraucht, da eine Bekannte gerade umzieht. Menschen, die weniger resilient sind, geben nun nach und helfen bei dem Umzug, obwohl es sich dabei nur um eine Bekannte handelt, die man alle Himmelsjahre einmal sieht. Resiliente Menschen hingegen können Grenzen ziehen. Ein einfaches Nein, welches dann auch umgehend akzeptiert wird, zeichnet die Resilienz aus. Vor allem aber haben resiliente Menschen kein schlechtes Gewissen, wenn sie sich für sich selbst entscheiden. Natürlich bedeutet das nicht, dass resiliente Menschen ihre Mitmenschen im Stich lassen, ganz im Gegenteil! Aber sie können sich auch einmal für sich selbst entscheiden, wenn sie das möchten. Sie sind also frei in ihren Entscheidungen und vertreten diese. Auch in stressigen Zeiten gönnen sie sich Ruhe in ihrem Alltag. Es scheint fast so, als würden sie solche Zeiten mit Links wuppen. Da geht die Spülmaschine kaputt, das Handy wurde verloren und der Klempner ruft wegen dem Wasserrohrbruch auch nicht zurück, der gerade die gesamte Wohnung flutet! Ja, solche Tage schlagen fast alle in die Flucht, doch resiliente Menschen nehmen es sportlich mit der Leichtigkeit des Humors. Es lohnt sich also, die

Resilienz im Alltag nutzen zu können, um es sich einfach einfacher zu machen.

Stressmanagement

Stress kennen wir alle und auch in allen Formen: Stress auf der Arbeit, in der Freizeit, mit Freunden oder dem Partner oder der Partnerin, den Eltern und Geschwistern und dem Nachbarn.

Stress ist besonders in der heutigen, schnelllebigen Zeit ein wahres Laster geworden! In jeder Situation und in jeder Lebenslage sind wir erreichbar, können im wahrsten Sinne des Wortes nicht abschalten und kommen einfach nicht zur Ruhe. Der Stress lässt viele Menschen nicht mehr gut schlafen, sich falsch ernähren und führt zu Krankheiten und schlechtem Befinden. Der Stress ist also nicht nur allgegenwärtig, sondern darüber hinaus auch noch sehr ungesund!

Dann gibt es aber die resilienten Menschen, an denen scheint der Stress einfach abzuprallen. Ja, es wirkt geradezu so, als würde ein unsichtbares Anti-Stress-Schutzschild resiliente Menschen umgeben. Selbst wenn die Arbeit ihnen über den Kopf zu wachsen droht, bleiben sie dennoch ruhig und behalten einen kühlen Kopf. Resilienz hilft auch, einen besseren Umgang mit dem Stress zu erlangen.

Bleibt die Frage offen, wie das funktioniert? Zum einen können resiliente Menschen Prioritäten setzen. Das bedeutet, bei vielen Aufgaben, die es zu erledigen gilt, werden jene zunächst abgearbeitet, die sehr dringend sind. Abgesehen davon kennen resiliente Menschen ihre Grenzen. Sie stürzen sich nicht ziellos ins Chaos, sondern sie bleiben strukturiert. Was heute nicht mehr erledigt werden kann, weil sich die eigenen Energiereserven dem Ende neigen, wird auf den nächsten Tag verschoben. Auch zusätzliche Aufgaben bürden sich resiliente Menschen in stressigen Phasen nicht auf. Am wichtigsten von allen Punkten ist jedoch, dass resiliente Menschen über ihre eigenen Fertigkeiten und Fähigkeiten, aber auch Ressourcen Bescheid wissen. Das bringt einen großen Vorteil mit sich: Solche Menschen können sich auf sich selbst verlassen, können darauf vertrauen, dass sie alles mitbringen, um sich durch den Stress zu manövrieren, und darüber hinaus ruhen sie in sich. Das ist bewundernswert, vor allem ist es aber erlernbar und so kannst auch du lernen, dich durch solche rauen Zeiten sicher zu führen. In der heutigen, schnelllebigen Zeit ist das von größter Bedeutung! Je stressresistenter man ist, umso sicherer kommt man durch das Leben, ohne sich völlig zu verausgaben und am Ende womöglich noch einen Zusammenbruch, sowohl körperlicher wie auch psychischer Natur, zu riskieren.

Es lohnt sich also auch in diesem Punkt, die Resilienz zu erlernen!

Wie du Rückschläge meisterst – „Ein Schritt zurück, zwei vor."

Sicherlich kennst du jene Rückschläge, die dich völlig aus der Bahn werfen. Besonders dann, wenn Lebensträume und Hoffnung daran geknüpft sind, taumeln viele Menschen. Doch es muss nicht gleich der geplatzte Lebenstraum sein, der dir das Gefühl gibt, du erlebst gerade eine Serie an Rückschlägen. Schon die gescheiterten Gehaltsverhandlungen oder eine Verletzung, die dich für eine gewisse Zeit nicht mehr deinen Hobbys nachgehen lässt, können Rückschläge sein. Jeder nimmt diese eben ein wenig anders wahr.

Menschen, die weniger resilient sind, lassen sich davon aus der Bahn werfen und bleiben weniger standhaft. Es ist ein bisschen so, als würden sie starre und wenig flexible Figuren in ihrem Leben darstellen, die auf außergewöhnliche Situationen nicht reagieren können. Lebt der Wind dann auf, dann kippen sie einfach um. Ist das ein Vorwurf? Nein! Es soll aber den Unterschied verdeutlichen! Denn resiliente Menschen können mit Rückschlägen umgehen. Statt sie als Scheitern oder gar Aufgeben anzusehen, suchen sie neue Möglichkeiten aus der Situation heraus. Diese müssen nicht immer umgehend erkannt werden. Aus diesen Möglichkeiten heraus bieten sich neue Chancen, neue Erkenntnisse und ein neues Erleben. Abgesehen davon sehen resiliente Menschen Rückschläge nicht als negativ an, sondern als Fortschritt. Es ähnelt ein wenig einem Abenteurer, der immer auf der Suche nach neuen Möglichkeiten ist, vorwärts zu kommen. Genau so handhaben es resiliente Menschen. Das bedeutet aber nicht, dass resiliente Menschen emotionslos wären. Natürlich sind sie im ersten Moment ebenso traurig über den Rückschritt wie jeder andere Mensch auch. Aber sie fangen sich einfach schneller und gehen weiter ihren Weg, suchen nach Lösungen und finden dabei vielleicht sogar neue Ziele, die viel besser sind als das ursprünglich angesteuerte Ziel. Ziele, die durch Rückschritte nicht sofort zu erreichen sind, werden dadurch nicht aufgegeben, sondern einfach vertagt. Wenn das Ziel eben morgen nicht erreichbar ist, weil man gerade in einer Sackgasse gelandet ist, dann erreicht man es eben übermorgen, nächste Woche oder nächsten Monat.

Diese Flexibilität ist bewundernswert! Aber auch dieser Punkt der Resilienz ist erlernbar und somit kannst auch du erlernen, mit Rückschlägen in deinem Leben umzugehen und es wird sich lohnen! Ein Leben ohne Rückschläge, ein Leben, welches geradlinig und reibungslos abläuft, gibt es nicht. Frei nach dem bekannten Spruch *Wenn dir das Leben Zitronen gibt, mache Limonade daraus!* lässt sich die Resilienz am ehesten beschreiben. Nutze also auch hier die Chance, welche die Resilienz dir bietet, und erlerne den Umgang mit Rückschritten.

Der Umgang mit persönlichen Einschnitten

Nun wird es persönlich. Persönliche Einschnitte kennt jeder und niemand ist davor gefeit. Sei es der Liebeskummer, der familiäre Streit, ein persönliches Trauma oder gar der Tod eines geliebten Menschen – persönliche Einschnitte sind jene Aspekte im Leben, die eindeutig zu den negativen Erlebnissen zählen, sind sie doch mit negativen Emotionen behaftet. Übrigens sind auch resiliente Menschen davon betroffen. Resilienz vermag vieles zu können, doch vor solchen Situationen vermag die Resilienz niemanden zu schützen. Warum spielt die Resilienz dann trotzdem eine Rolle?

Resiliente Menschen finden sich selbst nach einem persönlichen Einschnitt schnell wieder. Sie trauern wie alle anderen Menschen auch und sind ebenso wütend, wenn ihnen Unrecht geschieht. Trotzdem besitzen sie die Fähigkeit, ihre eigenen Ressourcen und damit auch die Selbstheilungskräfte zu aktivieren. Natürlich brauchen auch bei ihnen einige Einschnitte Zeit, um zu heilen, doch scheinbar nicht so lange wie bei weniger resilienten Menschen.

Beispielsweise der Tod eines geliebten Menschen wird auch bei resilienten Menschen eine schmerzhafte Lücke hinterlassen. Allerdings sind sie sehr schnell dankbar für die gemeinsame Zeit, die ihnen geschenkt wurde, erinnern sich an die tollen gemeinsamen Augenblicke und zehren von diesen Erinnerungen. Doch auch Raum, um zu trauern, geben resiliente Menschen sich selbst. Allerdings gehen sie nicht in der Trauer auf, sondern geben sich so viel Raum mit der Trauer, wie sie wirklich brauchen, aber nicht so viel, dass die Trauer sie in Besitz nimmt.

Doch nicht immer muss ein persönlicher Einschnitt mit dem Tod eines geliebten Menschen einhergehen. Einschnitte wie Liebeskummer können ebenfalls deutliche Spuren hinterlassen und so hadern die meisten nicht sonderlich resilienten Menschen noch eine lange Zeit mit sich, ehe sie langsam wieder zu sich selbst zurückfinden. Resiliente Menschen trauern auch, wenn eine Beziehung in die Brüche geht. Doch vielleicht kennst du es selbst von dir: Gerne sucht man die Fehler bei sich selbst: War ich zu unattraktiv? War ich zu launisch? War ich nicht fröhlich genug?

Gründe, warum Beziehungen auseinander gehen, hängen oftmals von vielen Faktoren ab und nicht nur von einer Person, beziehungsweise deren Handeln oder Nicht-Handeln! Resiliente Menschen wissen darüber Bescheid und geben weder Teile ihrer Persönlichkeit auf, noch ziehen sie sich mit Selbstvorwürfen herunter. Abgesehen davon erwacht deutlich schneller die Erkenntnis, dass man den Ex-Partner oder die Ex-Partnerin durch eine persönliche Veränderung auch nicht zurückbekommt. Die Ansätze, die resiliente Menschen in solch einer Situation angehen, sind verschieden. Manch einer fokussiert sich auf sich selbst und sorgt dafür, dass man wieder aufblüht. Andere resiliente Menschen sehen in dem Aus der Beziehung eine neue Chance, um andere

Menschen kennenzulernen. Daher ist der Umgang sehr individuell. Allerdings haben alle resilienten Menschen eines gemeinsam: Sie scheinen schneller und besser über die Trennung hinweg zu kommen, wie es bei nicht resilienten Menschen der Fall ist.

Da persönliche Einschnitte jeden Mensch treffen, ist es also gut zu wissen, wenn man selbst resilient ist und sich durch diese Zeit sicher und sattelfest manövrieren kann.

Im Beruf und Alltag

Auch im Beruf ist die Resilienz kaum wegzudenken! Hier sind die Anforderungen in den letzten Jahren gestiegen wie sonst nirgendwo anders. Man ist austauschbar, ersetzbar und nur ein kleines Rädchen im Getriebe. Fällt es aus, ist man weg vom Fenster. Und damit ist auch der soziale und gesellschaftliche Abstieg verbunden. Diese Horrorszenarien treiben viele Menschen dazu an, immer mehr zu leisten, länger und intensiver zu arbeiten, um eben jene Situation der Ersetzbarkeit zu umschiffen. Dann gibt es wiederum die resilienten Menschen, die scheinen sich gar nicht daran zu stören, ersetzbar zu sein. Mit einer gewissen Leichtigkeit gehen sie durch das berufliche Leben und nehmen es so, wie es kommt. Angst vor dem Verlust des Jobs? Nein! Gibt doch genug andere Möglichkeiten, um Arbeit zu finden. Angst davor, ersetzt zu werden? Nein! Schließlich wissen resiliente Menschen um ihre Fähigkeiten Bescheid und wissen genau, wie wichtig diese sind.

Natürlich schützt die Resilienz auch hier nicht davor, den Job zu verlieren. Allerdings setzen sich resiliente Menschen nicht diesem Druck und Stress aus. Wenn es in diesem Job nicht klappt, dann vielleicht in einem anderen Job, zumal man sowieso schon länger mit dem Gedanken gespielt hat, etwas ganz anderes auszuprobieren.

Für resiliente Menschen gibt es immer einen Plan A, B und C, wenngleich dieser nicht immer sofort zu erkennen ist. Das gibt Sicherheit! Nämlich die Sicherheit, nicht alles von diesem einen Job abhängig zu machen! Und so können resiliente Menschen ihre Energie in die produktive Arbeit stecken, ohne von der Angst oder dem Stress getrieben zu werden.

Auch die berufliche Resilienz ist also lohnenswert und gehört zu dem Gesamtpaket Resilienz dazu!

Was geht in unserem Kopf vor?

Du hast nun schon einige Male gelesen, dass die Gedanken eine große und wichtige Rolle bei der Resilienz spielen. Gedanken sind Macht – dieses Sprichwort hast du sicher schon einmal gehört. Und tatsächlich sind die Gedanken eines der mächtigsten und wertvollsten Güter, die du besitzt, um deine Resilienz aufzubauen.

In diesem Kapitel wollen wir uns die Gedanken einmal genauer ansehen. Denn es ist sind nicht einfach nur Gedanken, sondern es sind Qualitäten, die dahinterstecken. Und bei 60.000 Gedanken, die ein Mensch durchschnittlich hat, ist das natürlich eine Menge Qualität, die du nutzen kannst. Wie ich auf die Zahl komme? Quantenphysiker haben das herausgefunden! 60.000 Gedanken, das bedeutet bald ein Gedanke pro Sekunde. Ganz schön viele! Zum Glück sind dir nicht all diese Vorgänge bewusst, denn das würde dein Bewusstsein zum Überkochen bringen und das wahrscheinlich noch ehe du deinen Frühstückskaffee zubereitet hast. Da macht es doch Sinn, sich die Gedanken einmal genauer anzuschauen und zu verstehen, wie diese funktionieren und uns beeinflussen. Da die Gedanken für die Resilienz von so großer Bedeutung sind, sie deine und meine Stimmung beeinflussen und darüber entscheiden, wie die Zukunft und die Gegenwart gestaltet werden, ist es nur sinnig, dass du dieses mächtige Werkzeug kennenlernst. Doch wollen wir das Pferd nicht von hinten aufzäumen. Wir klären zunächst, wie die Gedanken funktionieren.

Die Rolle der Gedanken

Bevor wir uns das Denken im Detail ansehen, würde ich dich gerne fragen, ob du dich auch schon einmal gefragt hast, wie das Denken funktioniert. Nimm dir ruhig einen Augenblick Zeit und lege das Buch kurz zur Seite.

Das Denken ist nämlich schwieriger zu erfassen, wie man meinen mag. Kein Wunder ist an dieser Stelle, dass es Teil verschiedener wissenschaftlicher Disziplinen ist. So beschäftigen sich die Wissenssoziologie, die Ethnologie, die Psychologie und die Kognitionswissenschaft mit dem Denken – übrigens auch die Quantenphysik, haben sie doch dich tägliche Zahl der Gedankengänge bestimmen können. Um das Denken nun genau zu beschreiben, nehme ich eine Definition zu Hilfe:

„Denken ist im Bewusstsein vorgenommenes Trennen, Verbinden, Unterscheiden, Vergleichen und Beurteilen von Bewusstseinsinhalten und damit verbunden das ständige Hervorbringen neuer Bewusstseinsinhalte."

(Quelle: http://www.philolex.de/denken.htm, Stand 03.2020)

Das Denken lässt sich in zwei Kategorien aufteilen. Zum einen gibt es das destruktive Denken. Darunter kannst du alle Gedankengänge verstehen, die sich negativ äußern, Verunsicherung schüren oder dich zu keinem Ergebnis bringen. Dem gegenüber stehen die konstruktiven Gedanken. Diese sind lösungsorientiert, voller Möglichkeiten, neuer Chancen und positiv.

Das Modell der Gedanken möchte ich dir nun einmal vereinfacht darstellen. Viele Reize prasseln in jeder Sekunde auf dich ein. Du nimmst diese Reize nicht wahr, dein Gehirn aber schon. Es filtert die Reize in wichtig und unwichtig. Unwichtige Reize werden nicht weiter verarbeitet, die für dein Gehirn wichtigen Reize allerdings schon. Wie selektiert dein Gehirn, was wichtig ist und was nicht?

Dinge, die dich sehr beschäftigen, werden von deinem Gehirn als relevant wahrgenommen. Das kann soweit führen, dass du das Gefühl hast, von diesen Reizen regelrecht verfolgt zu werden. Das beste Beispiel ist eine Schwangerschaft. Wenn eine Frau schwanger ist, dann ist das natürlich eine erfreuliche Situation und die Frau beschäftigt sich mit ihrer Schwangerschaft. Das Gehirn merkt sich, dass die Schwangerschaft und alles, was damit zu tun hat, wichtig und wesentlich ist. Also nimmt die Frau vermehrt Schwangerschaften in Werbungen, ihrem Umfeld und so ziemlich in jedem Lebensbereich wahr. Das ist natürlich nur das subjektive Empfinden, denn die Frau beschäftigt sich eben sehr mit dem Thema, sodass das Gehirn eben alles herausfiltert, was irgendwie damit zu tun hat. Wenn das bei einem solch positiven Ereignis wie einer Schwangerschaft funktioniert, funktioniert es dann auch umgekehrt mit einem negativen Gedankengang? Ja, natürlich funktioniert es auch umgekehrt. Wenn du der Meinung bist, es passieren um dich herum nur schlimme und schreckliche Ereignisse, dann triggerst du dein Gehirn darauf, dass es eben nur noch jene Ereignisse für dich ins Bewusstsein ruft und wertet. Das kann bei den kleinsten Dingen beginnen, zum Beispiel, dass dein Brot vom Frühstückstisch fällt, du den Kaffee verschüttest oder du den Bus verpasst. Diese Gedanken, Gott und die Welt seien schlecht zu dir, setzen sich dann immer weiter fort und steigern sich bis ins Unermessliche hinein. Du siehst also, die Macht der Gedanken beeinflusst tatsächlich die Wahrnehmung, wenngleich sehr subjektiv.

Das alles bezieht sich nicht nur auf die Gedanken, sondern eben auch auf die Gefühle, die durch die Gedanken gesteuert werden.

Gefühle entstehen zuerst im Kopf

Zunächst einmal sind alle Situationen aus emotionaler Sicht neutral. Das mag im ersten Moment für dich sehr verwirrend sein, denn sicher denkst du auch zunächst an einen schweren Unfall und versuchst diesen mit neutralen Emotionen in Verbindung zu bringen. Doch tatsächlich ist der Unfall für deine Emotionen zunächst neutral. Wenn du Radio hörst und dort wird von einem Unfall berichtet, dann bist du nicht emotional betroffen, sondern es ist eine Meldung. Anders sieht es allerdings aus, wenn du dich gedanklich damit auseinandersetzt. Das geschieht in der Regel absolut unbewusst und du kannst das nicht steuern. Ab dem Moment, ab dem sich deine

Gedanken mit Ereignissen und Situationen auseinandersetzen, werden diese auch im Gehirn bewertet. Sie werden mit Emotionen verknüpft. Wenn du nun also von dem Unfall betroffen bist, vielleicht weil er sich in deinem Sichtfeld zugetragen hat, dann setzt du dich zwangsläufig mit diesem auseinander. Emotionen wie Angst, Trauer und Entsetzen stehen im Vordergrund. Emotionen, die du durch deine Gedanken verspürst, die durch die direkte Betroffenheit an der Situation herrühren. Und somit schließt sich der Kreis. Natürlich muss es kein Unfall sein, der Emotionen über Gedanken auslöst. Ebenso gut kann es der Bäcker sein, der dir einen Keks zu den Brötchen anbietet und somit ein freudiges Gefühl in dir auslöst.

Doch für deine Resilienz ist dieses Wissen von großer Bedeutung. Warum, das möchte ich mit dir im nächsten Abschnitt klären.

Resilienz und Glaubenssätze

Du denkst den ganzen Tag, ob du nun willst oder nicht. Diese Gedanken lösen meistens Gefühle in dir aus und auch dagegen kannst du dich nicht wehren. Wogegen du dich aber wehren kannst, ist, dass diese Gedanken ins Negative abrutschen und somit negative Emotionen hervorrufen. Stelle dir hierzu einmal einen resilienten Menschen vor. Dieser denkt nicht, dass er manch eine Situation nicht meisten kann. Er vertraut auf sich, seine Fähigkeiten und Fertigkeiten und denkt: Ich schaffe das! Das löst ein positives Gefühl in ihm aus und er wird durch seine subjektive Wahrnehmung darin bestärkt. So wird er viel Positives in seinem Alltag wahrnehmen, das ihn zusätzlich stärkt. Andersherum gibt es jene Menschen, die mit weniger Resilienz ausgestattet sind. Diese hadern mit sich selbst, haben Selbstzweifel und eher ein negatives Verhältnis zu sich und der Situation. Das bedeutet, dass auch die Gedanken negativ sind, die wiederum vermehrt negative Gefühle hervorrufen. Um weniger resiliente Menschen scheinen daher subjektiv betrachtet auch eher negative Ereignisse und Situationen stattzufinden.

Daraus würde sich im Umkehrschluss aber doch eigentlich für die Resilienz folgender Fakt ergeben: Denke immer positiv und alles wird gut. Doch ganz so einfach ist es nicht. Wenngleich die Gedanken ein mächtiges Werkzeug sind, so machen sie aber doch nur einen Teil davon aus. Abgesehen davon müssen wir uns wohl oder übel davon verabschieden, wirklich jeden Gedanken zum Positiven kontrollieren zu können.

Schließlich sind wir am Ende des Tages eben doch nur Menschen und keine Maschinen. Das bedeutet aber nicht, dass du die Dinge nun so hinnehmen musst, wie sie kommen. Vielmehr geht es um eine Grundeinstellung, die du über deine Gedanken steuern kannst. Somit nimmst du ebenfalls auch Einfluss auf deine Gefühle und dein Handeln.

Gedankenkontrolle

Du weißt mittlerweile, dass eine absolute Gedankenkontrolle unmöglich ist. Bei 60.000 Gedanken am Tag dürfte das auch ziemlich schwierig werden! Allerdings kannst du deine Gedanken insofern kontrollieren, dass du diese reflektierst. Hier ist es übrigens angebracht, eine Art Gedankentagebuch zu führen. Am Anfang steht nämlich die Analyse. Dabei geht es allerdings nicht darum, dass du jeden einzelnen Gedanken aufschreibst und diesen auswertest! Fasse hierzu die Gedanken zusammen. Wenn du heute also oft darüber nachgedacht hast, dass du unglücklich in deinem Job bist, dann gehst du logischerweise mit einem schlechten Gefühl zur Arbeit. Der Arbeitstag wird zunehmend negativer für dich, da du dich mit den negativen Seiten deines Jobs befasst. Dieser Gedankengang „Ich mag meinen Job nicht“ sollte auf jeden Fall mit in dein Gedankentagebuch aufgenommen werden. Was beschäftigte dich heute noch? Vielleicht, wo du deinen nächsten Urlaub verbringen sollst, wann du deinen Eltern das nächste Mal einen Besuch abstattest – womit sich auch immer deine Gedanken heute signifikant beschäftigt haben, notiere es dir. Nun kommt die Auswertung. Bei manchen Gedanken kannst du sofort die Negativität dahinter erkennen, bei anderen wiederum ist sofort ersichtlich, dass es sich um positive Gedanken und Emotionen handelt. Schreibe dir die negativen und positiven Aspekte zu den Gedanken auf. Notiere die negativen und positiven Konsequenzen eines Gedankens. Welche Möglichkeiten ergeben sich, wenn du diesen negativen Gedanken weiteren Raum gibst, und was geschieht, wenn du sie ins Positive umwandelst?

Gedankenkontrolle beginnt also beim Analysieren deiner hauptsächlichen und täglichen Gedankengänge. Mit der bewussten Auseinandersetzung werden die verschiedenen Emotionen und Aspekte deutlich. Erst wenn dir dies bewusst ist, kannst du beginnen, die Gedanken zu kontrollieren, indem du sie bewusst zum Positiven steuerst und lenkst. Das kann dir zum Beispiel gelingen, indem du positive Gedanken erschaffst!

Positive Gedanken erschaffen

Nun hört es sich sehr einfach an, mal eben positive Gedanken zu erschaffen. Und tatsächlich ist es auch einfach. Denn du weißt, wie Gedanken funktionieren und Gefühle hervorrufen. Wenn du nun über die Analyse deiner eigenen Gedanken herausgefunden hast, welche negativen Gedanken sich am Tag manifestieren und dich blockieren oder hemmen, dann kannst du diese in positive Gedanken umwandeln. Hierzu möchte ich dir ein Beispiel geben:

Du denkst, dass du den Job, auf den du dich beworben hast, nicht bekommen wirst. Du bist somit schon entmutigt, bevor das Bewerbungsgespräch überhaupt begonnen hat. Wenn du allerdings dem Bewerbungsgespräch positiv entgegentrittst, deine Gedanken positiv sind, dann sorgt das für ein positives Auftreten und die Wahrscheinlichkeit, dass du den Job bekommst, steigt erheblich an. Resiliente Menschen wissen um diese Wirkung und ruhen in sich. Nun stellt sich die Frage, wie du positive Gedanken erschaffen kannst?

Bereits gesagt habe ich dir, dass du nicht alle Gedanken positiv denken kannst, und nicht immer wird es dir gelingen, positiv zu denken. Auch resiliente Menschen können nicht durchgängig positiv denken – schließlich sind wir alle Menschen. Allerdings kannst du die Grundeinstellung so formen, dass du positiv gestimmt bist und somit einen Tonus positiver Gedanken erschaffen kannst. Hierzu solltest du dein Gedankentagebuch zu Rate ziehen. Immer wenn du merkst, die negativen Gedanken kommen hoch, dann solltest du bewusst dagegen lenken. Das kann beispielsweise so aussehen:

Negativer Gedanke	Positiver Gedanke
Ich werde das Gespräch mit meinem Chef heute nicht schaffen.	Ich werde das Gespräch mit meinem Chef meistern und die Gehaltserhöhung bekommen.

Versuche doch einfach einmal nach diesem Muster einige deiner Gedankengänge umzubauen, weg vom negativen Denken und hin zum positiven Denken. Aller Anfang ist schwer und du solltest es langsam angehen lassen. Wann immer dir die negativen Gedanken bewusst in den Sinn kommen, solltest du mit positiven Gedanken dagegenhalten.

Übrigens zählt das ebenso für Emotionen. Du weißt bereits, dass Emotionen und Gedanken zusammenhängen. Nicht immer kannst du die Gedanken hinter den Emotionen sofort erfassen. Deshalb solltest du nach dem folgenden Plan vorgehen:

1. Fühle das negative Gefühl und versuche, den Ursprung zu erfassen.
2. Ist etwas Schlimmes passiert? Hattest du einen Streit?
3. Wenn du die Situation erfasst hast, dann versuche, konkrete Gedanken zu erfassen.
4. Versuche die negativen Gedanken in ein oder zwei Sätzen zu beschreiben.
5. Als Letztes formulierst du diese Gedanken in positive Gedanken, ebenso, wie wir es im Beispiel zuvor schon gemacht haben.

Du bist also nicht gezwungen, der Spielball der Gedanken und Emotionen zu sein. Wenngleich du nicht alle Gedanken beeinflussen und steuern kannst, so kannst du doch einiges über Gedanken- und Emotionskontrolle erreichen und dir somit den Weg zur Resilienz erheblich leichter machen!

Teil 2: Praxis – die 7 Säulen der Resilienz und Selbsttest

Wenn du dich an das erste Kapitel dieses Buches erinnerst, so fallen dir sicher die sieben Säulen der Resilienz wieder ein, auf denen die Resilienz fußt. Diese sieben Säulen sind die Basis einer ausgewogenen Resilienz und du erinnerst dich noch daran, dass es nicht darum geht, dass alle sieben Säulen unterschiedlich ausgeprägt sind. Eine gute Resilienz braucht alle Säulen auf einem Level.

Zu allen sieben Säulen habe ich dir einige Fragen mitgebracht, die du beantworten sollst. Für jede Antwort gibt es unterschiedlich viele Punkte. Am Ende der Selbstüberprüfung zählst du alle Punkte zusammen und dann kannst du die Punkte der einzelnen Säulen vergleichen. Haben alle dieselbe hohe Punktzahl? Super, dann sieht es sehr gut für dich aus! Haben sie alle eine niedrige Punktzahl mit Abweichungen, dann weißt du, an welchen Säulen du arbeiten solltest, um alle auf ein Level zu bringen! Es geht nicht darum, alle Säulen auf das höchste Punktlevel zu katapultieren. Natürlich wäre das schön, denn dann wärst du die personifizierte Resilienz! Doch du weißt, dass die Resilienz eine Reise ist, mitunter auch, um dich selbst besser kennenzulernen. Arbeite die Punkte daher nicht stumpf ab, sondern wachse bewusst an ihnen!

Übrigens macht es Sinn, wenn du diesen Test von Zeit zu Zeit wiederholst. Die Säulen können sich nämlich unterschiedlich entwickeln und ausprägen. Daher ist es auch wichtig, dass du die im Anschluss genannten Übungen bewusst und der Reihe nach durchführst. Tanze nicht auf 7 Hochzeiten gleichzeitig, sondern picke dir verschiedene Übungen heraus und gehe diese gewissenhaft an! Mache nicht zu viel auf einmal, denn dann ist dein Vorhaben zum Scheitern verurteilt! Am sinnigsten ist es, dass du jene Säule angehst, die am schwächsten ausgeprägt ist. Führe die Überprüfung dann einige Wochen später noch einmal durch, um zu sehen, ob die Übungen, die ich dir im Anschluss einer jeden Befragung aufgebe, gefruchtet haben. Doch genug der langen Vorrede. Du bist sicher gespannt, was dich in diesem Teil erwartet, und darum lass uns auch direkt mit der ersten Säule durchstarten!

Säule 1: Optimismus

Hier soll es nun um den Optimismus gehen. Positiv allen Situationen und der Zukunft gegenüber gestimmt, lässt es sich einfach leichter leben! Doch leider hat nicht jeder das Glück, ein Optimist zu sein. Doch die gute Nachricht lautet: Optimismus lässt sich lernen. Nur weil du nicht im Laufe deines Lebens einen unglaublichen Optimismus entwickelt hast, bedeutet das noch lange nicht, dass dieser Zug abgefahren ist!

Bevor wir allerdings darüber debattieren, wie der Zustand deines Optimismus ist, sollten wir erst einmal den Ist-Zustand aufnehmen. Das machen wir mit den folgenden 10 Fragen, die sich mit dem Optimismus beschäftigten! Auf geht es!

Die Fragen

Bitte beantworte alle 10 Fragen mit Ja und Nein. Manchmal kann es sein, dass einige Antworten zwischen den vorgeschriebenen Auswahlmöglichkeiten liegen. In diesem Fall solltest du jene Antwort wählen, zu der deine Antwort am ehesten tendiert. Du kannst maximal 20 Punkte erreichen. Am Ende der Befragung zählst du deine Punkte zusammen. Je näher deine Punkte an der 20 liegen, umso ausgeprägter ist dein Optimismus. Je weiter weg sie sind, umso weniger ausgeprägt ist dein Optimismus. Beachte aber bitte nochmals, dass alle Säulen auf einem Level sein sollten und sich demnach auch die Übungen richten.

Frage	**Ja**	**Evtl.**	**Nein**
Die Aussage „Das kann ich sowieso nicht!" ist bei dir eher selten zu finden.	2	1	0
Aussagen wie „Ich habe keine Talente!" hört man von dir kaum.	2	1	0
Du hast mehr Stärken als Schwächen.	2	1	0
Wenn du einen Fehler machst, dann machst du dir eher selten Selbstvorwürfe.	2	1	0
Du siehst meist die positiven Seiten einer Situation wie die negativen Seiten.	2	1	0

Du suchst nach Gründen, warum etwas machbar ist, und nicht umgekehrt.	2	1	0
Pechvogel? Du nicht! Du bist ein Glückspilz!	2	1	0
Du fühlst dich den Menschen, Situationen und Dingen nicht ausgeliefert.	2	1	0
Du freust dich, wenn dir etwas Gutes widerfährt und du stellst es nicht in Frage oder witterst umgehend eine Gefahr, einen Betrug oder eine List.	2	1	0
Neue Situationen nimmst du offen an. Angst, dabei zu versagen, verspürst du nicht.	2	1	0
Gesamtpunktzahl	/ 20 Punkten		

Das kannst du tun

Du möchtest deinen Optimismus weiter ausbauen! Damit dir das gelingt, habe ich dir ein paar Übungen mitgebracht. Gehe diese Übungen bitte sorgfältig und konsequent an. Du wirst nämlich nur Erfolg haben, wenn du auch gewissenhaft daran arbeitest. Übrigens zählt hier Qualität vor Quantität. Es geht also nicht ums Auswendiglernen, wenngleich dies hilfreich ist, sondern um das bewusste Fühlen und Erleben. Wenn du also den Übungen gewissenhaft folgst, dann wird auch dein Optimismus bald erheblich besser werden! Probiere dich zunächst durch die verschiedenen Übungen und suche dir ein oder zwei Übungen aus, die dir am meisten zusagen.

Tagebuch für Optimisten

Damit du den Optimismus erlernst, ist es wichtig, dass du deine Achtsamkeit schulst. Wir Menschen sehen nämlich gerne einmal schnell die negativen Dinge, nehmen die positiven Umstände aber kaum zur Kenntnis. Dabei geht es beim Optimismus eben genau um diesen Punkt. Wie aber könnte es besser funktionieren, vor allem schwarz auf weiß, wie mit einem Tagebuch?

Da nun ein ganz neuer Lebensabschnitt für dich beginnt, solltest du dir ein kleines Heft oder eine Mappe zulegen, die nur für den Optimismus bestimmt ist. Jeden Abend, beispielsweise bevor du ins Bett gehst, nimmst du dein Tagebuch und füllst es aus. Du sollst hier aber nicht einfach irgendetwas hineinschreiben, sondern bewusst die positiven Dinge, die dir an diesem Tag widerfahren sind, und glaube mir, es gibt jeden Tag etwas Positives! Du kannst dich dabei an folgenden Fragen entlanghangeln und diese auch direkt in deinem Tagebuch beantworten:

1. Was hat dir der Tag heute Gutes für dein Leben bereitgestellt?
2. Was ist dir heute besonders Gutes widerfahren? Was hast du heute als besonders gut empfunden?
3. Was hast du heute gut gemacht – vielleicht sogar besser als deine Mitmenschen?
4. Was hätte heute erheblich schlimmer laufen können?
5. Womit bist du heute am zufriedensten?
6. Worüber konntest du heute einmal richtig lachen oder was hat dich heute glücklich gemacht?
7. Auf was kannst du heute besonders stolz sein?

Du solltest jede Frage am Abend beantworten. Dabei zählt auch wieder: Qualität vor Quantität! Es geht nicht darum, dass du jede Frage mit einem halben Roman beantworten kannst! Es geht darum, dass du sie beantwortest und dieses positive Gefühl noch einmal durchlebst. So gehst du mit einem positiven Gefühl zu Bett und kannst gut schlafen!

Positiver Start in jeden Tag

Gib jedem Tag die Chance, der beste Tag deines Lebens zu werden! So wahre Worte, um die es sich bei der Übung dreht. Optimismus, das ist auch immer eine Frage der positiven Grundeinstellung. Je positiver du gestimmt bist, umso positiver wird der Tag verlaufen. Bei manch einem vollen Terminkalender ist das aber keine einfache Aufgabe! Trotzdem solltest du immer positiv dagegenhalten. Stelle dir hierzu einfach vor, wenn du den Tag positiv startest, wird er auch positiv verlaufen! So beginnst du den Tag positiv und kannst davon zehren. Allerdings ist das nur die halbe Miete! Außerdem solltest du am frühen Morgen Stress von dir fernhalten. Frei nach dem Motto *Alles zu seiner Zeit* solltest du dich auf das Positive konzentrieren, was vor dir liegt. Dazu stellst du dir jeden Morgen folgende drei Fragen:

1. Worauf freust du dich heute besonders doll?
2. Welche Möglichkeiten gibt es heute für dich, damit der Tag richtig gut wird?

3. Welche realistischen Ziele kannst du heute für dich erreichen?

Stelle und beantworte dir diese Fragen jeden Morgen – auch am Wochenende. Gib also jedem Tag die Chance, der beste Tag deines Lebens zu werden, und nutze die Chancen, die ein solcher Tag mit sich bringt.

Du schaffst das!

Gegenüber dem Optimisten steht der Pessimist! Pessimisten beschäftigen sich mit den negativen Dingen im Leben und jenen Dingen, die schieflaufen können. Sie haben regelrecht Angst davor! Vielleicht gehörst du tendenziell auch eher zu diesen Menschen. Erinnere dich doch bitte einmal an eine Situation zurück, in der du richtig viel Stress hattest – vielleicht hattest du sogar das Gefühl, es nicht zu schaffen. Erinnere dich nun auch daran, wie du die Situation gemeistert hast, schließlich liegt sie in deiner Vergangenheit und ist bereits Geschichte.

Fakt ist, du hast diese Situation im wahrsten Sinne des Wortes überlebt und liest nun dieses Buch! Warum solltest du solche Situationen nicht noch ein zweites, drittes und viertes Mal meistern?

Richtig, es gibt keinen Grund! Wann immer dich eine solch negative Situation wieder einzuholen versucht, führe dir vor Augen, dass du sie überstehen wirst, genauso, wie du die anderen schlimmen Situationen auch überstanden hast! Du bist stark und kannst die Angst überstehen! Überlege dir jedes Mal in einer ähnlichen Situation, in der du dich ängstlich oder ausgeliefert fühlst, Antworten auf folgende Fragen:

1. Hast du bereits schlimme Erlebnisse überlebt?
2. Wie hast du solche Situationen gemeistert?
3. Was kannst du daraus Positives mitnehmen?

Je bewusster dir wird, dass du Dinge überleben und meistern kannst, je optimistischer trittst du zukünftigen Problemen und Situationen gegenüber und bleibst fest im Sattel sitzen!

Säule 2: Akzeptieren der Situation

Die Fragen

Bitte beantworte alle 10 Fragen mit Ja und Nein. Manchmal kann es sein, dass einige Antworten zwischen den vorgeschriebenen Auswahlmöglichkeiten liegen. In diesem Fall solltest du jene Antwort wählen, zu der deine Antwort am ehesten tendiert. Du kannst maximal 20 Punkte erreichen. Am Ende der Befragung zählst du deine Punkte zusammen. Je näher deine Punkte an der 20 liegen, umso ausgeprägter ist dein Akzeptieren. Je weiter weg sie sind, umso weniger ausgeprägter ist dein Akzeptieren. Beachte aber bitte nochmals, dass alle Säulen auf einem Level sein sollten und sich demnach auch die Übungen richten.

Frage	**Ja**	**Evtl.**	**Nein**
Dir ist bewusst, dass alles einmal ein Ende hat, auch das Leben, und das es nicht schlimm ist, sondern Neues dadurch erschaffen werden kann.	2	1	0
Du weißt, dass es keine 100-prozentige Sicherheit gibt und diese auch nie erlangt werden kann.	2	1	0
Du weißt, dass vergangene Dinge nicht zu ändern sind, und du denkst auch nicht darüber nach.	2	1	0

Du weißt, dass alle Menschen anders sind und jeder seine eigenen Werte in sich trägt. Du akzeptierst das voll und ganz!	2	1	0
Dir ist bewusst, dass andere über dich urteilen, aber das stört dich nicht.	2	1	0
Du machst Fehler, aber das ist nicht schlimm für dich – egal, ob es sich um große oder kleine Fehler handelt.	2	1	0
Manche Dinge sind, wie sie eben sind. Du fragst nicht nach dem Warum, Wieso und Weshalb.	2	1	0
Du beschäftigst dich hauptsächlich mit den Dingen, die du ändern kannst.	2	1	0
Mit Grübeln und Gedanken, die sich stundenlang im Kreis drehen, hast du nichts zu tun.	2	1	0
Gelassenheit gehört zu deinen Stärken.	2	1	0
Gesamtpunktzahl	/ 20 Punkten		

Das kannst du tun

Du möchtest das Akzeptieren weiter ausbauen! Damit dir das gelingt, habe ich dir ein paar Übungen mitgebracht. Gehe diese Übungen bitte sorgfältig und konsequent an. Du wirst nämlich nur Erfolg haben, wenn du auch gewissenhaft daran arbeitest. Übrigens zählt hier Qualität vor Quantität. Es geht also nicht ums Auswendiglernen, wenngleich dies hilfreich ist, sondern um das bewusste Fühlen und Erleben. Wenn du also den Übungen gewissenhaft folgst, dann wird auch das Akzeptieren bald erheblich besser werden! Probiere dich zunächst durch die verschiedenen Übungen und suche dir ein oder zwei Übungen aus, die dir am meisten zusagen.

Den Fokus neu einstellen

Manche Dinge sind im Leben nur schwer zu akzeptieren. Das ergeht jedem Einzelnen einmal so. Die Frage ist aber, wie soll es weitergehen? Du kannst dich nun weiterhin mit den Dingen beschäftigen, die du nicht ändern kannst. Das bedeutet einen ungeheuren Energieverlust und ein Ergebnis, welches du nie fassen kannst. Du kannst deinen Fokus aber auch auf jene Dinge im Leben richten, die zu ändern sind. So weit, so gut. Damit du das Akzeptieren erlernen kannst, musst du differenzieren können zwischen dem, was du aktiv ändern kannst, und jenem, welches nicht zu ändern ist. Dazu solltest du dir eine Liste anfertigen, indem du jene Dinge festhältst, die du nicht ändern kannst, und jene, auf die du aktiv Einfluss nehmen kannst. Woran erkennst du nun Situationen und Dinge, auf die du keinen Einfluss nehmen kannst? Stelle dir dazu folgende Fragen:

- Wie sieht der Einfluss aus, den du auf die Situation nehmen kannst?
- Wie oft hast du bereits versucht, Einfluss zu nehmen, und hast es nicht hinbekommen?
- Angenommen, du würdest aufhören, diese Situation beeinflussen zu wollen, was würde sich ändern und wie würde die Situation sich ändern?

Bei Situationen und Dingen, die sich nicht ändern lassen, wirst du wohl oft versucht haben, Einfluss darauf zu haben, ohne, dass es einen Erfolg eingefahren hat. Wenn du die letzte Frage nur so beantworten kannst, dass sich für dich nichts ändert, dann sollte dir nun klar werden: Es ist eine Situation, die sich deinem Einfluss entzieht. Hier heißt es nun für dich, diese Dinge oder Situationen so zu akzeptieren, wie sie sind. Diese Übungen drehen sich aber ums Akzeptieren. Du weißt also nun, wie du die Dinge und Situationen erkennst, nicht aber, wie du mit ihnen umgehen kannst. Hierbei sollen dir die anderen beiden Übungen helfen. Sieh sie also als eine Erweiterung dieser ersten Übung an.

Beim Namen nennen

Dinge und Situationen, bei denen du Schwierigkeiten hast, diese zu akzeptieren, sind meist Umstände, die mit Angst, Ungewissheit oder einer gewissen Unsicherheit verbunden sind. Nicht selten sind es Emotionen, die du gerne verdrängst – wer verspürt schon gerne Angst oder Unsicherheit? Und genau hier solltest du ansetzen. Emotionen zu unterdrücken, bringt dich nicht weiter, ganz unabhängig von der Schuldfrage. Damit du die Situation und den Umstand aber akzeptieren kannst, musst du die Dinge beim Namen nennen können. So kannst du aktiv weiterarbeiten und vielleicht sogar neue Wege finden. Setze dich also von Zeit zu Zeit hin und überlege dir, welche Dinge und Situationen dich beschäftigen. Gestehe dir aufrichtig ein, dass diese Situationen nicht zu deiner Zufriedenheit ausgegangen sind, sie aber in der Vergangenheit liegen und Vergangenes sich nicht ändern lässt. Ein Beispiel: Ja, ich habe eine unschöne Krankheit vom Arzt letzte Woche diagnostiziert bekommen. Ja, es macht mich traurig und wütend, aber ich bin nicht schuld daran, dass ich erkrankt bin! Ich vertraue aber auf die Ärzte, dass ich mit meiner Mitarbeit und deren Wissen wieder genese.

Gedankenkarussell

Oftmals blockiert das sogenannte Gedankenkarussell das Akzeptieren von Umständen und Dingen. Immer und immer wieder spielt sich die Situation, die nicht zu ändern ist, im Kopf ab. Das führt dazu, dass du nicht akzeptieren kannst, was geschehen ist. Außerdem bist du in der Gegenwart blockiert. So ein Leben ist nicht schön! Darum solltest du das Gedankenkarussell anhalten und die Situationen und Dinge aus der Vergangenheit akzeptieren. Das kann dir gelingen, indem du damit abschließt und für die Zukunft lernst. Nimm dir also Zeit und einen Zettel sowie einen Stift zur Hand. Schreibe die Dinge auf, die du nicht akzeptieren kannst, und gehe dabei wie folgt vor:

1. Wie lautet die Situation, die du nicht akzeptieren kannst?
2. Wie hast du in der Situation reagiert?
3. Wie hättest du im Nachhinein wohl besser reagiert?
4. Was kannst du für zukünftige, ähnliche Situationen daraus für dich mitnehmen?

Gerne kannst du diesen Zettel im Anschluss symbolisch zum Loslassen und Akzeptieren verbrennen, ein Papierschiffchen daraus falten und es den Fluss entlang schicken, oder es dem Wind übergeben.

Säule 3: Lösungsorientierung

Damit Lösungen für deine Probleme gefunden werden können, braucht es Kreativität. Doch nicht immer ist es leicht, sich dem Lösen eines Problems zuzuwenden. Besonders dann nicht, wenn man selbst emotional davon betroffen ist. Manchmal gibt es aber auch Probleme, für die es schier keine Lösung zu geben scheint.

Die Lösungsorientierung soll dir aber dazu verhelfen, neue Lösungsansätze zu kreieren und die Erkenntnis in dir reifen zu lassen, dass die Lösungen für Probleme in dir selbst zu finden sind. Doch bevor wir uns um die Übungen zur Lösungsorientierung kümmern, sollten wir zunächst einmal schauen, wie es um deine Lösungsorientierung steht.

Die Fragen

Bitte beantworte alle 10 Fragen mit Ja und Nein. Manchmal kann es sein, dass einige Antworten zwischen den vorgeschriebenen Auswahlmöglichkeiten liegen. In diesem Fall solltest du jene Antwort wählen, zu der deine Antwort am ehesten tendiert. Du kannst maximal 20 Punkte erreichen. Am Ende der Befragung zählst du deine Punkte zusammen. Je näher deine Punkte an der 20 liegen, umso ausgeprägter ist deine Lösungsorientierung. Je weiter weg sie sind, umso weniger ausgeprägter ist deine Lösungsorientierung. Beachte aber bitte nochmals, dass alle Säulen auf einem Level sein sollten und sich demnach auch die Übungen richten.

Frage	Ja	Evtl.	Nein
Lösungen finde ich fast für jedes Problem.	2	1	0
Meine Lösungen sind fast immer sehr kreativ.	2	1	0
Geht nicht? Gibt's nicht! Probleme sind da, um gelöst zu werden.	2	1	0
Angst vor Lösungen habe ich nicht und mir sind die Konsequenzen bewusst.	2	1	0

Ich weiß um meine Fähigkeiten Bescheid und kann diese zur Lösung der Probleme gut nutzen.	2	1	0
Ich kenne meine Stärken und kann diese einfließen lassen.	2	1	0
Ich stehe voll und ganz hinter den Lösungen, die ich bereits gefunden habe.	2	1	0
Ich bin immer froh, wenn ich eine gute Lösung gefunden habe.	2	1	0
Neue Lösungen zu finden ist für mich eine positive Herausforderung und macht mir Spaß.	2	1	0
Lösungen bieten auch immer neue Chancen, um neue Wege zu gehen.	2	1	0
Gesamtpunktzahl	/ 20 Punkten		

Das kannst du tun

Du möchtest deine Lösungsorientierung weiter ausbauen! Damit dir das gelingt, habe ich dir ein paar Übungen mitgebracht. Gehe diese Übungen bitte sorgfältig und konsequent an. Du wirst nämlich nur Erfolg haben, wenn du auch gewissenhaft daran arbeitest. Übrigens zählt hier Qualität vor Quantität. Es geht also nicht ums Auswendiglernen, wenngleich dies hilfreich ist, sondern um das bewusste Fühlen und Erleben. Wenn du also den Übungen gewissenhaft folgst, dann wird auch deine Lösungsorientierung bald erheblich besser werden! Probiere dich zunächst durch die verschiedenen Übungen und suche dir ein oder zwei Übungen aus, die dir am meisten zusagen.

Eigene Stärken nutzen

Damit auch du erfolgreich der Lösungsorientierung nachgehen kannst, solltest du deine eigenen Stärken und Fähigkeiten nutzen, um dich voran zu bringen. Genau das ist der Punkt, an dem viele nicht-resiliente Menschen scheitern. Da du aber auf dem besten Weg bist, deine Resilienz auszubauen, zählt für dich nun, dass du deine eigenen Stärken und Fähigkeiten bewusst kennenlernst. Dazu solltest du dir folgende Fragen beantworten:

1. Welche Stärken hast du?
2. Welche Fähigkeiten bringst du mit?
3. Was kannst du besonders gut?
4. Wie lassen sich deine Stärken, Fähigkeiten und Talente nutzen, um ein Problem aktiv anzugehen und Lösungen zu finden?

Versuche, nach diesem Schema deine Probleme zu lösen. Gehe hierbei in Gedanken ruhig auch abstraktere Wege. Diese musst du nicht in die Tat umsetzen, aber dennoch können sie dir helfen, deine Lösungsorientierung zu fördern.

Wo bist du kreativ?

Nicht selten braucht es Kreativität, um ein Problem gut und von effektiv lösen zu können. Doch leider haben wir Menschen es an uns, dass wir nicht selten zu den unpassendsten Situationen nur so vor mangelnder Kreativität strotzen! Das hilft selten bei der Lösung eines Problems. Zum Glück gibt es Orte und Aktivitäten, an denen wir unsere Kreativität zurückerlangen können. Die Orte und Aktivitäten sind für jeden ein wenig anders. Bei einem kommt die Kreativität, wenn er unter der Dusche ein Gute-Laune-Lied schmettert, während ein anderer die besten Ideen hat, wenn er im Wald spazieren geht.

Wenn du um diese Situationen Bescheid weißt, dann hast du schon eine Menge erreicht. Darum solltest du in dieser Übung in dich gehen und dir überlegen, in welchen Situationen du die besten Ideen und Einfälle hattest. Immer dann, wenn du die Lösung für ein Problem suchst, solltest du neben der ersten Aufgabe auch diese Aufgabe durchführen und vielleicht einmal ein Lied unter der Dusche singen, um die Lösung für dein Problem zu finden. Es mag vielleicht seltsam klingen, doch du glaubst gar nicht, wie kreativ wir Menschen sein können – auch, wenn wir das nie für möglich gehalten haben.

Charaktere

Bei dieser Übung geht es darum, einen guten Lösungsansatz zu finden. Hierzu bedienen wir uns einem Gedankenspiel. Dazu erstellst du zunächst verschiedene Charaktere:

- Ein biederer Charakter
- Ein enthusiastischer Charakter
- Ein sehr rechtschaffender Charakter
- Ein kindlicher Charakter
- Ein optimistischer Charakter
- Ein pessimistischer Charakter

Gerne kannst du den einzelnen Charakteren Namen geben. Nun schreibst du auf einen Zettel dein Problem und lässt es von all den Charakteren lösen. Der biedere Charakter findet biedere Lösungen. Der enthusiastische Charakter ist Feuer und Flamme, während der rechtschaffende Charakter die Moral vertritt. Der kindliche Charakter hat einfache Lösungsvorschläge, die gerne naiv sind. Der optimistische Charakter sieht alles positiv und der pessimistische Charakter sieht eben alles negativ.

Schreibe dir von allen Charakteren die möglichen Lösungsvorschläge auf und resümiere dann, welche Ansätze du gut findest und welche nicht. Bringe dich über dieses Rollenspiel dazu, aus den vielen Lösungsansätzen deine eigene Lösung zu erschaffen.

Säule 4: Wie komme ich aus der Opferrolle raus?

Für mehr Selbstbestimmtheit ist es nie zu spät. Außerdem fühlt es sich gut an, die Opferrolle verlassen zu können und selbst aktiv auf das eigene Leben Einfluss nehmen zu können. Die Selbstbestimmung, beziehungsweise das Verlassen der Opferrolle, stellt für nicht wenige Menschen eine Herausforderung dar. Denn Selbstbestimmung meint nicht nur, über sich selbst bestimmen zu können, sondern auch die Konsequenzen dafür zu tragen.

Doch bevor hier wilde Debatten beginnen, sollten wir uns zunächst einmal den Fragen zuwenden.

Die Fragen

Bitte beantworte alle 10 Fragen mit Ja und Nein. Manchmal kann es sein, dass einige Antworten zwischen den vorgeschriebenen Auswahlmöglichkeiten liegen. In diesem Fall solltest du jene Antwort wählen, zu der deine Antwort am ehesten tendiert. Du kannst maximal 20 Punkte erreichen. Am Ende der Befragung zählst du deine Punkte zusammen. Je näher deine Punkte an der 20 liegen, umso ausgeprägter ist deine Selbstbestimmung. Je weiter weg sie sind, umso weniger ausgeprägt ist deine Selbstbestimmung. Beachte aber bitte nochmals, dass alle Säulen auf einem Level sein sollten und sich demnach auch die Übungen richten.

Frage	Ja	Evtl.	Nein
Kannst du dir und deinen Fähigkeiten vertrauen?	2	1	0
Genießt du es, die Verantwortung für dich und dein Leben zu tragen?	2	1	0
Du fühlst dich den Anforderungen gewachsen und nimmst Herausforderungen gerne an.	2	1	0

Du wirst immer dann aktiv, wenn die Situation es erfordert. Du handelst weder übereifrig, noch verweigerst du dich Handlungen.	2	1	0
Du fühlst dich nicht wie ein Spielball deiner Mitmenschen.	2	1	0
Selten fühlst du dich einer Situation ausgeliefert.	2	1	0
Du würdest dich nicht als Opfer der Umstände bezeichnen.	2	1	0
Du bist tatkräftig und bemüht, dich nicht in die Ecke drängen zu lassen.	2	1	0
Du gibst nicht immerzu anderen die Schuld an deiner Situation.	2	1	0
Du machst dein Glück nicht von einzelnen Situationen oder Umständen abhängig.	2	1	0
Gesamtpunktzahl	/ 20 Punkten		

Das kannst du tun

Du möchtest deine Selbstbestimmung weiter ausbauen! Damit dir das gelingt, habe ich dir ein paar Übungen mitgebracht. Gehe diese Übungen bitte sorgfältig und konsequent an. Du wirst nämlich nur Erfolg haben, wenn du auch gewissenhaft daran arbeitest. Übrigens zählt hier Qualität vor Quantität. Es geht also nicht ums Auswendiglernen, wenngleich dies hilfreich ist, sondern um das bewusste Fühlen und Erleben. Wenn du also den Übungen gewissenhaft folgst, dann wird auch deine Selbstbestimmung bald erheblich besser werden! Probiere dich zunächst durch die verschiedenen Übungen und suche dir ein oder zwei Übungen aus, die dir am meisten zusagen.

Bewusste Entscheidungen gegen die Opferrolle

Oft geht mit der Opferrolle ein pessimistischer und jammender, sich selbst bemitleidender Mensch einher. Gerne schiebt man die Schuld anderen in die Schuhe und im Ausredenfinden sind Menschen in der Opferrolle ziemlich gut. Doch jetzt heißt es, eben jene Rolle zu verlassen. Du solltest hierzu einen Vertrag mit dir selbst aufsetzen. Das hat in der Regel etwas Förmliches und wird von deinem Gehirn als ernst abgespeichert. Halte fest, dass du ab dem heutigen Tag die Opferrolle verlassen möchtest und bereit bist, dein Leben nun selbst in die Hand zu nehmen. Treffe bewusst Entscheidungen und setze diese durch. Gib nicht nach und lasse dich bei den kleinsten Schwierigkeiten wieder in die Opferrolle zurückdrängen. Mache dir hierzu deine Entscheidungen bewusst und schreibe diese nieder:

- Ich bin kein Opfer der Umstände mehr, sondern bestimme selbst über mein Leben!
- Ich kann die Verantwortung meiner Entscheidungen tragen, denn sie sind wohl überlegt!
- In der Opferrolle zu bleiben, hat nur negative Konsequenzen für mich und macht mich zudem unglücklich.

Ergänze diese Liste mit deinen Gründen, warum du ab sofort die Opferrolle verlassen möchtest. Diese Liste und den Vertrag solltest du immer dann griffbereit haben, wenn du in alte Verhaltensmuster zurückzufallen drohst.

Deine Entscheidungen

Sowohl die selbstbestimmte Rolle wie auch die Opferrolle tragen Konsequenzen nach sich. Allerdings ist die Frage bei der Selbstbestimmung nicht, welche Konsequenzen daraus resultieren, sondern welche Wahl du hast. Eines steht nämlich fest: Eine Wahl hast du immer. Ob du die Wahl auch annehmen willst, steht auf einem ganz anderen Blatt. Ein Beispiel: Dein Job nervt dich schon eine ganze Weile. Aber weil du fürchtest, finanzielle Einbußen zu erleiden, wenn du ihn kündigst und einen anderen Job annimmst (vielleicht wegen der Probezeit oder etwas anderem), bleibst du lieber in deinem jetzigen Job und versauerst da. Es ist schließlich einfacher, wenn du dir einredest, dass du sowieso keine Wahl hast. Dabei hast du die Wahl. Was spricht denn dagegen, deinen Job zu kündigen und dir etwas zu suchen, in dem du aufgehst? Sicher, es können unbequeme Zeiten werden und vor allem erfordert es dein aktives Engagement, aber du wärst am Ende glücklicher!

Selbstbestimmung hat also etwas damit zu tun, dass du die Wahl, welche du hast, nutzt oder dich bewusst dagegen entscheidest. Es ist also immer deine Entscheidung. Mache dir doch hierzu einfach mal ein paar Gedanken und schreibe auf, welche Dinge du gerne ändern möchtest und welche Konsequenzen daraus sowohl negativ wie auch positiv resultieren. Was passiert im schlimmsten Fall und was kann im besten Fall geschehen? Du musst die Dinge auf der Liste nicht gleich in die Tat umsetzen, spiele sie zunächst in Gedanken durch. Nimm auch gerne die Übung Charaktere von der Lösungsorientierung mit auf.

Aktiv werden

Ein selbstbestimmtes Leben zu führen, bedeutet auch immer, einem aktiven Leben nachzugehen. Denn Selbstbestimmung bedeutet Aktivität. Selbstbestimmung bedeutet aber auch, dass du gefragt bist und niemand sonst. Deswegen solltest du dich immer fragen, was du in der Situation machen kannst, um sie zu verbessern, zu beenden oder das Beste für dich herauszuholen.

Das ist nicht einfach, denn du hast dich jahrelang in der Opferrolle gesehen und nun sollst du diese vertraute Routine ablegen. Aber je bewusster du dir diese Fragen in den verschiedensten Situationen stellst, umso mehr Handlungsspielraum wirst du haben. Dies wird dir mit jedem Mal mehr das Gefühl geben, selbstbestimmte Entscheidungen zu treffen, die Opferrolle verlassen zu können und nicht länger die Marionette anderer zu sein. Wenn dir spontan die Ideen dazu fehlen, dann gehe doch Gedankenbeispiele mit Zettel und Stift durch. Wichtig ist, dass du beginnst, aktiv zu werden.

Säule 5: Realität akzeptieren und handeln!

Viele Menschen fürchten sich vor der Verantwortung. Dabei führt dich das Verantwortungsbewusstsein direkt zu mehr Resilienz, aber auch zu mehr Glück. Denn Verantwortung für dein Leben zu übernehmen, das bedeutet auch, dass du es selbstbestimmt steuern kannst und nicht abhängig von den Launen anderer bist. Aber natürlich bringt Verantwortungsbewusstsein auch mit, dass du die Konsequenzen, die aus deinem Handeln resultieren, tragen musst. Das muss nicht immer negativ sein, sondern ist in den meisten Fällen sogar positiv! Doch wie steht es nun um dein Verantwortungsbewusstsein?

Die Fragen

Bitte beantworte alle 10 Fragen mit Ja und Nein. Manchmal kann es sein, dass einige Antworten zwischen den vorgeschriebenen Auswahlmöglichkeiten liegen. In diesem Fall solltest du jene Antwort wählen, zu der deine Antwort am ehesten tendiert. Du kannst maximal 20 Punkte erreichen. Am Ende der Befragung zählst du deine Punkte zusammen. Je näher deine Punkte an der 20 liegen, umso ausgeprägter ist dein Verantwortungsbewusstsein. Je weiter weg sie sind, umso weniger ausgeprägt ist dein Verantwortungsbewusstsein. Beachte aber bitte nochmals, dass alle Säulen auf einem Level sein sollten und sich demnach auch die Übungen richten.

Frage	**Ja**	**Evtl.**	**Nein**
Du gibst dir eher selten unbegründet die Schuld an verschiedenen Situationen.	2	1	0
Du machst niemanden dafür verantwortlich, wenn es dir mal nicht gut geht.	2	1	0
Du gibst nicht anderen die Schuld dafür, wenn du deine Ziele nicht erreicht hast.	2	1	0
Du weißt, dass du die Situation immer aus eigener Kraft verlassen, zumindest aber beeinflussen kannst.	2	1	0
Du bist aktiv und nicht passiv.	2	1	0

Du gibst das Zepter über dein Leben nicht ab, sondern behältst es fest in deiner Hand.	2	1	0
Du hast keine Angst davor, die falschen Entscheidungen zu treffen.	2	1	0
Du bist positiv gestimmt und weißt, dass du Einfluss auf viele Situationen nehmen kannst.	2	1	0
Du übernimmst gerne die Verantwortung.	2	1	0
Du bleibst dir treu und setzt deine Werte und Normen durch.	2	1	0
Gesamtpunktzahl	/ 20 Punkten		

Das kannst du tun

Du möchtest dein Verantwortungsbewusstsein weiter ausbauen! Damit dir das gelingt, habe ich dir ein paar Übungen mitgebracht. Gehe diese Übungen bitte sorgfältig und konsequent an. Du wirst nämlich nur Erfolg haben, wenn du auch gewissenhaft daran arbeitest. Übrigens zählt hier Qualität vor Quantität. Es geht also nicht ums Auswendiglernen, wenngleich dies hilfreich ist, sondern um das bewusste Fühlen und Erleben. Wenn du also den Übungen gewissenhaft folgst, dann wird auch dein Verantwortungsbewusstsein bald erheblich besser werden! Probiere dich zunächst durch die verschiedenen Übungen und suche dir ein oder zwei Übungen aus, die dir am meisten zusagen.

Keine Angst vor falschen Entscheidungen

Viele Menschen haben Angst davor, die falschen Entscheidungen zu treffen, und bleiben aus diesem Grund lieber passiv und geben die Verantwortung ab. Dabei solltest du dir die Frage stellen, ob es überhaupt falsche Entscheidungen gibt. In der Regel steckt in jeder Entscheidung, die du fasst, auch immer die Möglichkeit, einen Fehler zu machen. Doch Fehler sind genau wie scheinbar schlechte Entscheidungen nicht immer falsch. Beide Punkte verdeutlichen nämlich nur eines: Dass du beim nächsten Mal einen anderen Weg finden musst. Und so kannst du von falschen Entscheidungen und Fehlern profitieren. Da übernimmt man doch gerne die Verantwortung, meinst du nicht auch? Natürlich liest sich das hier recht einfach. Das bedeutet aber nicht, dass die Umsetzung auch einfach ist. Darum bitte ich dich in dieser Übung nun darum, dass du dir deine vermeintlich falschen Entscheidungen einmal genauer zu Gemüte führst. Beantworte die folgenden Fragen dazu:

- Worum ging es?
- Wie hast du reagiert?
- Was war die vermeintlich falsche Entscheidung?
- Wie kannst du dieser etwas Positives abgewinnen?

Schnelle Entscheidungen

Kennst du das auch: Je länger du über eine Sache nachdenkst, umso verworrener wird sie. Dabei ist das erste Gefühl, die erste Intention, von großer Bedeutung, denn dieses erste Gefühl ist oftmals richtig. Das kannst du an dieser Stelle selbst einmal überprüfen. Denke an verschiedene Situationen, in denen du dich gegen dein erstes Bauchgefühl entschieden hast. Würdest du dir wünschen, du hättest auf dein erstes Gefühl gehört?

Dabei sollst du natürlich keine weitgreifenden Entscheidungen spontan und aus dem Bauch heraus entscheiden. Es geht in dieser Übung darum, dich zu entscheiden und somit deine

Verantwortung zu stärken, eben weil du dich schnell und sicher entschieden hast. Versuche hierzu erst einmal die kleinen Entscheidungen zu treffen. Zum Beispiel:

1. Binnen 3 Sekunden entscheidest du am Morgen, welches Oberteil du anziehst. 3 weitere Sekunden hast du Zeit, um die Wahl deiner Hose zu treffen und 3 Sekunden bleiben dir, um die richtigen Schuhe auszuwählen.
2. Wende die 3-Sekunden-Regel bei allen Entscheidungen am Tag an, die nicht ganz so weitreichend sind, vor allem aber bleibe bei der Entscheidung und setze diese durch!

Gedanken

Verantwortungsbewusstsein beginnt bei dir, genauer gesagt mit deinen Gedanken. Wenn du schon zu Beginn denkst, du wirst etwas nicht schaffen, oder du traust dich nicht, die Verantwortung dafür zu übernehmen, dann wirst du es auch nicht schaffen. Stelle dir daher immer das optimale Ergebnis vor, welches du erzielen kannst, wenn du die Verantwortung übernimmst. Lasse die negativen Konsequenzen vehement außen vor. Hierzu möchte ich dir einige

Anregungen mit auf den Weg geben, wie das aussehen könnte:

- Male dir im Kopf aus, in welchen Situationen du heute Verantwortung übernimmst, und male dir aus, wie du dadurch glänzen wirst.
- Wähle realistische Umstände aus und spiele die positiven Seiten immer und immer wieder durch.
- Fühle im ganzen Körper das angenehme Gefühl, wenn du es geschafft hast.
- Vor allem aber: Stelle dir dich immer wieder selbst vor, wenn du das Ziel erreicht hast.

Dieses Gedankenspiel kannst du immer dann machen, wenn deine Verantwortung gefragt ist. Damit du aber insgesamt dein Verantwortungsbewusstsein stärken kannst, solltest du dieses Gedankenspiel jeden Morgen durchführen, bis du es routiniert verinnerlicht hast.

Säule 6: Hilfe annehmen - Netzwerkorientierung

Du weißt, dass das soziale Geflecht für die Resilienz von großer Bedeutung ist. Zu wissen, dass du dich auf Menschen verlassen kannst, für die du auch immer zur Stelle bist, ist ein tolles Gefühl. Doch nicht jeder Mensch kann auf ein solch gut funktionierendes soziales Netz zurückgreifen. Deshalb sollen dir diese Fragen Aufschluss darüber geben, wie es um dein soziales Geflecht bestellt ist.

Die Fragen

Bitte beantworte alle 10 Fragen mit Ja und Nein. Manchmal kann es sein, dass einige Antworten zwischen den vorgeschriebenen Auswahlmöglichkeiten liegen. In diesem Fall solltest du jene Antwort wählen, zu der deine Antwort am ehesten tendiert. Du kannst maximal 20 Punkte erreichen. Am Ende der Befragung zählst du deine Punkte zusammen. Je näher deine Punkte an der 20 liegen, umso ausgeprägter ist dein soziales Geflecht. Je weiter weg sie sind, umso weniger ausgeprägt ist dein soziales Geflecht. Beachte aber bitte nochmals, dass alle Säulen auf einem Level sein sollten und sich demnach auch die Übungen richten.

Frage	Ja	Evtl.	Nein
Du hast einige Freunde, auf die du bei Tag und Nacht zählen kannst.	2	1	0
Du weißt genau, mit welchem Problem du dich an welchen Freund wenden kannst.	2	1	0
Die Beziehungen zu deinen Freunden sind ein Geben und ein Nehmen. Hier wird niemand ausgenutzt oder benutzt.	2	1	0
Du fühlst dich von deinen Freunden auch nicht ausgenutzt, sondern ihr begegnet euch auf Augenhöhe.	2	1	0
Du gehst gerne mit deinen Freunden aus, aber es gibt auch keinen Zwist, wenn du einen Abend mal alleine für dich sein möchtest.	2	1	0

Deine Freunde halten zu dir, in guten wie in schlechten Zeiten.	2	1	0
Deine Freunde sagen dir ihre ehrliche Meinung und umgekehrt, ohne, dass jemand es dem anderen krummnimmt.	2	1	0
Deine Freunde und du, ihr teilt nicht nur die schönen und spaßigen Seiten des Lebens, sondern ihr könnt auch ernsthafte Gespräche führen, in denen ein anspruchsvoller Austausch stattfindet.	2	1	0
Deine Freunde unterstützen dich und bauen dich mit den richtigen Worten auf. Es ist eine angenehme Atmosphäre.	2	1	0
Du machst dein Glück nicht von deinen Freunden abhängig, aber deine Freunde sind Teil deines	2	1	0

Glücks.			
Gesamtpunktzahl	/ 20 Punkten		

Das kannst du tun

Du möchtest dein soziales Geflecht weiter ausbauen! Damit dir das gelingt, habe ich dir ein paar Übungen mitgebracht. Gehe diese Übungen bitte sorgfältig und konsequent an. Du wirst nämlich nur Erfolg haben, wenn du auch gewissenhaft daran arbeitest. Übrigens zählt hier Qualität vor Quantität. Es geht also nicht ums Auswendiglernen, wenngleich dies hilfreich ist, sondern um das bewusste Fühlen und Erleben. Wenn du also den Übungen gewissenhaft folgst, dann wird auch dein soziales Geflecht bald erheblich besser werden! Probiere dich zunächst durch die verschiedenen Übungen und suche dir ein oder zwei Übungen aus, die dir am meisten zusagen.

Ich denk an dich

In der heutigen Zeit ist eine WhatsApp-Nachricht schnell getippt. Natürlich ist es nett, wenn du deinen Freunden schnell schreibst, dass du sie gerne hast. Netter wäre es aber, wenn du deinen Freunden das auch zeigen würdest. Wie wäre es einfach, wenn du ganz spontan am Abend eine Flasche Wein, Bier oder Limo einpackst und ganz spontan deine Freunde besuchst? Zeige ihnen, dass sie dir wichtig sind und dass du dich freust, sie in deinem Umfeld zu haben.

Keine Freunde – Neue Freunde

Manchmal erfordern es die Umstände, dass man seinen Freundeskreis aufgeben muss. Beispielsweise ist das dann der Fall, wenn du aus beruflichen Gründen umziehst. Nun heißt es, einen neuen Freundeskreis aufzubauen. Das ist nicht selten eine Herausforderung, denn nicht immer klappt es, eine freundschaftliche Beziehung zu den neuen Arbeitskollegen aufzubauen. Aller Anfang ist schwer. Was aber wirklich ein guter Tipp ist, ist, dich im Sportverein anzumelden oder über Freizeitaktivitäten neue Menschen kennenzulernen. Sei offen für Neues und verstelle dich nicht. Gut geeignet, um neue Menschen kennenzulernen, sind aber auch Sportveranstaltungen, beispielsweise ein Handball- oder Fußballspiel des Clubs in der Stadt. Mache das, wozu du Lust hast, denn so triffst du auf gleichgesinnte Menschen und ihr habt schon eine Gemeinsamkeit, auf die es sich aufbauen lässt.

Keine Angst vor Verletzungen

Natürlich gehen zwischenmenschliche Beziehungen nicht ganz ohne Enttäuschung und Verletzungen einher. Wenn du dich auch zu jenen Menschen zählst, die durch viele Enttäuschungen und Verletzungen durchmussten, dann ist es kein Wunder, dass du sehr zurückhaltend bist, was neue Freundschaften anbelangt. Allerdings ist dir sicherlich nicht jeder böse gesonnen. Versuche, ein wenig mehr Nähe zuzulassen. Nur so können sich tiefe und ehrliche Freundschaften entwickeln. Dabei solltest du dich aber nun nicht präsentieren wie ein offenes Buch, sondern Schritt für Schritt ein wenig mehr preisgeben. Wenn ein schlechtes Gefühl in dir aufkommt, dann solltest du differenzieren können: handelt es sich dabei um eine reale Schieflage oder ist es lediglich die Angst, die aus dir spricht? Überprüfen kannst du es ganz einfach:

- Wird sich für Fehlverhalten entschuldigt? Kannst du dich für dein Fehlverhalten entschuldigen?
- Ist es ein Geben und Nehmen von beiden Seiten?
- Sind die Freunde an dir und deinem Leben interessiert und fragen nach?

Über die Beantwortung dieser Fragen kannst du eine Menge Aufschluss erhalten und wenn doch noch Zweifel sind, dann solltest du die Aussprache suchen und den Menschen von deinen Ängsten und Sorgen erzählen. Wenn es wirklich Freunde sind, nehmen sie dich ernst.

Säule 7: Zukunftsperspektiven

Vergangenes lässt sich nicht beeinflussen, aber im Jetzt kannst du das Morgen verändern. Dabei sind die Zukunftsperspektiven von entscheidender Bedeutung! Nicht immer fällt es leicht, der Zukunft positive Eigenschaften zuzuschreiben. Dabei hast du deine eigene Zukunft in der Hand und kannst viel daraus machen. Darum beschäftigt sich dieser Teil nun ausschließlich mit deinen Zukunftsperspektiven. Bevor wir allerdings darüber diskutieren, wie der Zustand deiner Zukunftsperspektiven ist, sollten wir erst einmal den Ist-Zustand aufnehmen. Das machen wir mit den folgenden 10 Fragen, die sich mit deiner Zukunftsperspektive beschäftigten! Auf geht es!

Die Fragen

Bitte beantworte alle 10 Fragen mit Ja und Nein. Manchmal kann es sein, dass einige Antworten zwischen den vorgeschriebenen Auswahlmöglichkeiten liegen. In diesem Fall solltest du jene Antwort wählen, zu der deine Antwort am ehesten tendiert. Du kannst maximal 20 Punkte erreichen. Am Ende der Befragung zählst du deine Punkte zusammen. Je näher deine Punkte an der 20 liegen, umso ausgeprägter sind deine Zukunftsperspektiven. Je weiter weg sie sind, umso weniger ausgeprägt sind deine Zukunftsperspektiven. Beachte aber bitte nochmals, dass alle Säulen auf einem Level sein sollten und sich demnach auch die Übungen richten.

Frage	**Ja**	**Evtl.**	**Nein**
Wenn du an die Zukunft denkst, bist du positiv gestimmt.	2	1	0
Du versuchst immer wieder, deine Zukunft erfolgreich zum Guten zu wenden.	2	1	0
Die Zukunft bereitet dir keine Angst und Zukunftsängste sind dir	2	1	0

unbekannt.			
Die Zukunft selbst gestalten, darin siehst du einen Sinn und eine Aufgabe.	2	1	0
Du weißt genau, welche Stärken du zukünftig weiter ausbauen möchtest.	2	1	0
Du hast realistische Ziele, die du im Laufe der kommenden Zeit erreichen möchtest und wirst.	2	1	0
Die Wünsche, die du an die Zukunft hast, kannst du dir zum größten Teil selbst erfüllen.	2	1	0
Das Tolle an der Zukunft? Sie steckt voller ungeahnter Möglichkeiten.	2	1	0
Du gehst deiner Zukunft selbstbestimmt entgegen.	2	1	0
Du hast einen Plan, dich in deiner Zukunft zu verwirklichen.	2	1	0

Gesamtpunktzahl	/ 20 Punkten

Das kannst du tun

Du möchtest deine Zukunftsperspektiven weiter ausbauen! Damit dir das gelingt, habe ich dir ein paar Übungen mitgebracht. Gehe diese Übungen bitte sorgfältig und konsequent an. Du wirst nämlich nur Erfolg haben, wenn du auch gewissenhaft daran arbeitest. Übrigens zählt hier Qualität vor Quantität. Es geht also nicht ums Auswendiglernen, wenngleich dies hilfreich ist, sondern um das bewusste Fühlen und Erleben. Wenn du also den Übungen gewissenhaft folgst, dann wird auch deine Zukunftsperspektive bald erheblich besser werden! Probiere dich zunächst durch die verschiedenen Übungen und suche dir ein oder zwei Übungen aus, die dir am meisten zusagen.

Ziele setzen

Ziele setzen und diese erreichen, das ist eine wundervolle Sache! Aus eigenem Antrieb heraus sich Wünsche zu erfüllen und das Glück, vor allem aber den Stolz zu fühlen, ist unbezahlbar. Allerdings scheitern schon viele Menschen daran, die Ziele ordentlich zu strukturieren und somit sich die ersten Stolpersteine aus dem Weg zu räumen. Wie gehst du also am besten vor?

Zunächst einmal solltest du deine Aufmerksamkeit auf die Zielsetzung richten. Wähle realistische Ziele aus, die du in einer realistischen Zeit erreichen kannst. Unrealistisch wäre beispielsweise der kommende Lottogewinner zu sein! Realistisch ist: Ich möchte einen neuen Job antreten, der mich voll und ganz erfüllt.

Wie kannst du dieses Ziel nun in die Tat umsetzen und zwar so, dass du dein Ziel auch wirklich erreichst?

- Setze dir ein großes Endziel und teile dieses in mehrere kleine Etappenziele auf.
- Bei dem Erreichen eines jeden Etappenziels belohnst du dich dafür.
- Wenn du weitermachst und Zweifel aufkommen, dann blicke zurück und sehe, was du schon alles geschafft und erreicht hast. Profitiere von der Kraft und zehre von ihr.
- Setze eine realistische Zeit an – auch für die Etappenziele! Zeitdruck führt zu Stress, Stress führt dazu, dass du irgendwann dem nachgeben wirst und

dein Vorhaben zum Scheitern verurteilt ist.

- Bleibe offen für neue Perspektiven. Manchmal ergeben sich auch ganz neue Ziele an Weggabelungen und es nicht verkehrt zu schauen, ob das neue Ziel nicht vielleicht sogar das bessere Ziel sein könnte.

Positive Perspektive

Hier wird nun ein wenig dein Optimismus herausgefordert. Es geht darum, dass du eine positive Perspektive gegenüber deiner Zukunft annimmst. Da du gerade erst dabei bist, deine Resilienz aufzubauen, wirst du wahrscheinlich noch die ein oder andere düstere Vorahnung bezüglich deiner Zukunft in dir tragen. Und genau diesen negativen Zukunftsperspektiven wollen wir nun aktiv an den Kragen gehen! Schreibe hierzu bitte alle negativen Zukunftsperspektiven auf, die dir einfallen. Diese müssen sich nicht Wochen oder Monate in der Zukunft befinden. Es reichen schon einige Stunden oder Tage in der Zukunft. Hast du alles aufgeschrieben? Dann machen wir weiter! Im nächsten Schritt möchte ich, dass du all die negativen Zukunftsperspektiven in positive

Aussichten umformulierst. Das könnte zum Beispiel so aussehen:

- Das Gespräch morgen mit meinem Chef werde ich niemals schaffen! Aus diesem Satz wird: Ich werde das Gespräch morgen mit meinem Chef meistern und zu meiner Zufriedenheit führen.
- Ich habe Angst, meinen Job zu verlieren, denn dann wäre ich finanziell ruiniert! Aus diesem Satz wird: Es gibt genügend Jobs für alle. Selbst wenn ich diesen Job nun verliere, dann wartet ein anderer Chef darauf, mich einzustellen!

Formuliere immer dann die Zukunftsperspektiven bewusst um, wenn du in die negativen Perspektiven abrutschst. Halte immer mit der positiven Formulierung dagegen und irgendwann wirst du merken, dass du von vorneherein deine Zukunft positiv formulierst.

Ein Plan der Zukunft

Damit du deine Zukunft aktiv und positiv gestalten kannst, braucht es einen Plan. Wie du deine Ziele erreichen kannst, das hast du bereits in der ersten Übung erfahren. Doch welche Dinge willst du in deiner Zukunft überhaupt erreichen und wie sieht der Status dieser Dinge aus? Ein

Plan für die Zukunft muss her, in dem du deine Ziele und Wünsche, Vorhaben und Ideen für die Zukunft festhältst und auch gleichzeitig den Status überprüfen kannst. Hierzu solltest du folgende Punkte festhalten:

1. Wunsch, Ziel, Vorhaben oder Idee geplant: Welche? Wann? Wie?
2. Bisher noch nicht an folgenden Wünschen, Zielen, Vorhaben und Ideen gearbeitet.
3. An diesen Wünschen, Zielen, Vorhaben und Ideen hast du bereits angefangen zu arbeiten.
4. Diese Wünsche, Ziele, Vorhaben und Ideen sind in der Umsetzung bereits sehr weit vorangeschritten.
5. Diese Wünsche, Ziele, Vorhaben und Ideen müssen noch angepasst und abgeändert werden.
6. Diese Wünsche, Ziele, Vorhaben und Ideen wurden bereits erreicht.

Diesen Plan der Zukunft kannst du immer wieder anpassen, neue Prioritäten setzen und veraltete Ziele ausstreichen. Es ist interessant, diesen persönlichen Fortschritt und die dahintersteckende Veränderung mitzuerleben und wahrzunehmen. Denn auch Wünsche, Hoffnungen, Vorhaben und Ideen, die du heute hast, können sich in der Zukunft ändern. Bleibe also flexibel und gestalte deine Zukunft selbst und vor allem mit einem überschaubaren Plan.

Nachwort und Zukunftsplan

Wir sind nun am Ende des Buches angelangt und eigentlich wird es allmählich Zeit, dass wir uns voneinander verabschieden. Doch ehe ich dir Lebewohl sage, möchte ich noch ein oder zwei Dinge loswerden.

Wir haben viel und ausführlich über deine Resilienz gesprochen. Die Resilienz ist auch immer eine Chance für dich, in ein besseres Leben durchzustarten, fest im Sattel sitzen zu bleiben und vor allem aber eine innere Stabilität zu erlangen. Das verleitet sehr gerne zu der Annahme, dass du mit der Resilienz unverletzbar und unbesiegbar bist. Verfalle bitte nicht diesem Trugschluss! Niemand ist unverletzbar oder unverwundbar! Ich hoffe, dir bleibt es erspart, doch die beste Resilienz kann dich vor beispielsweise Depressionen nicht schützen. Wenngleich einer der sieben Säulen das Akzeptieren von Umständen und Situationen darstellt, so vergegenwärtige dir bitte immer, dass es Umstände im Leben gibt, die nicht beherrschbar sowie kaum auszuhalten sind. Resilienz hat Grenzen! Doch nicht nur bei drastischen Situationen oder Traumata werden diese Grenzen deutlich. Resiliente Menschen können Möglichkeiten besser nutzen und verwerten, wenn sie sich ihnen zeigen. Doch gibt es auch Situationen, in denen es diese Möglichkeiten nicht gibt. In solchen Fällen ist selbst der resilienteste Mensch machtlos und kann keine Möglichkeiten nutzen. Abgesehen davon ist der Aufbau der Resilienz abhängig von deinen bisherigen Lebenserfahrungen, deinen Genen und den Umständen, aber auch deiner Persönlichkeit sowie deinen Werten und Normen, die du vertrittst. Es ist also nicht so, dass du mal eben nebenbei die Resilienz erlernen kannst. Und so sagte Glen Elder, amerikanischer Resilienzexperte, in der Fachzeitschrift „Psychologie heute“:

„Nicht einmal große Begabung und Fleiß garantieren, dass man die Widrigkeiten des Lebens meistern kann – wenn die Chance dazu fehlt.“

(vgl. http://resilienzia.de/resilienz-chancen-und-grenzen/, Stand 03.2020)

Ich will dir damit die Resilienz auf keinen Fall abspenstig machen! Denn die Resilienz ist für dein alltägliches Leben wertvoll und wichtig. Ich möchte dich nur wissen lassen, dass auch die Resilienz Grenzen hat und nicht das Allerheilmittel darstellt, wofür es manche Leute ausgeben möchten.

Doch genug der Grenzen. Du stehst am Anfang und bist gerade dabei, deine eigene Resilienz aufzubauen. Dieser Aufbau der eigenen Resilienz ist auch immer eine Reise für die eigene Persönlichkeit und eine ganz neue Entfaltung deiner Selbst. Nutze also die Möglichkeiten und Chancen, wenn sie sich dir zeigen, und führe ein Leben, welches du mit mehr psychischer Widerstandskraft meistern kannst und wirst!

Wenn dir dieses Buch gefallen hat, du nun damit beginnen möchtest, deine Resilienz mithilfe dieses Buches aufzubauen, dann würde ich mich freuen, wenn du mir das in Form einer Rezension mitteilen würdest. Auf diesem Weg nehme ich auch gerne konstruktive Kritik entgegen und kann diese auch gleich in einem meiner nächsten Projekte umsetzen. Außerdem interessiert es mich sehr, ob ich dir bei diesem Projekt zu mehr Resilienz verhelfen konnte.

Falls du noch ein anderes Buch von mir lesen willst. Hier ist ein Link zu dem Projekt von mir: https://amzn.to/3bXCFc1

Doch bevor du dieses Buch zur Seite legst, möchte ich mich an dieser Stelle bei dir für deine Zeit bedanken, die du dem Buch und auch mir geschenkt hast. Außerdem hoffe ich, dass wir uns in einem anderen Buch von mir wiederlesen werden. Bis dahin wünsche ich dir alles Gute, viel Erfolg mit dem Aufbau deiner Resilienz und bis bald!

Quellen

https://resilienz.at/die-7-saulen-der-resilienz/

https://www.abzaustria.at/sites/default/files/veranstaltung/einladungen/Infoblatt-GloBUNTU-Schnupper-Workshop.pdf

https://zeitzuleben.de/die-macht-der-gedanken/

https://www.palverlag.de/Stressabbau.html

https://www.palverlag.de/Optimismus_Test.html

https://www.psychotipps.com/Optimismus.html

https://zeitzuleben.de/optimistischer-werden/

https://www.lernen.net/artikel/akzeptieren-lernen-tipps-akzeptanz-5712/

https://compassioner.com/allgemein/loesungsorientierung-zukunft-aus-gestalten/

https://andreas-hofmann.net/selbstbestimmt-leben/

https://www.selbstbewusstsein-staerken.net/opferrolle-ablegen/

https://www.selbstbewusstsein-staerken.net/verantwortung-uebernehmen/

https://www.psychotipps.com/freundschaft.html

https://de.wikihow.com/Eine-erfolgreiche-Zukunft-planen

https://www.kommunikationundmehr.de/download/Erfolgreiche_Zukunft.pdf

http://resilienzia.de/resilienz-chancen-und-grenzen/

Haftungsausschluss

Die Umsetzung aller enthaltenen Informationen, Anleitungen und Strategien dieses Buchs erfolgt auf eigenes Risiko. Für etwaige Schäden jeglicher Art kann der Autor aus keinem Rechtsgrund eine Haftung übernehmen. Für Schäden materieller oder ideeller Art, die durch die Nutzung oder Nichtnutzung der Informationen bzw. durch die Nutzung fehlerhafter und/oder unvollständiger Informationen verursacht wurden, sind Haftungsansprüche gegen den Autor grundsätzlich ausgeschlossen. Ausgeschlossen sind daher auch jegliche Rechts- und Schadensersatzansprüche. Dieses Werk wurde mit größter Sorgfalt nach bestem Wissen und Gewissen erarbeitet und niedergeschrieben. Für die Aktualität, Vollständigkeit und Qualität der Informationen übernimmt der Autor jedoch keinerlei Gewähr. Auch können Druckfehler und Falschinformationen nicht vollständig ausgeschlossen werden. Für fehlerhafte Angaben vom Autor kann keine juristische Verantwortung sowie Haftung in irgendeiner Form übernommen werden.

Urheberrecht

Alle Inhalte dieses Werkes sowie Informationen, Strategien und Tipps sind urheberrechtlich geschützt. Alle Rechte sind vorbehalten. Jeglicher Nachdruck oder jegliche Reproduktion – auch nur auszugsweise – in irgendeiner Form wie Fotokopie oder ähnlichen Verfahren, Einspeicherung, Verarbeitung, Vervielfältigung und Verbreitung mit Hilfe von elektronischen Systemen jeglicher Art (gesamt oder nur auszugsweise) ist ohne ausdrückliche schriftliche Genehmigung des Autors strengstens untersagt. Alle Übersetzungsrechte vorbehalten. Die Inhalte dürfen keinesfalls veröffentlicht werden. Bei Missachtung behält sich der Autor rechtliche Schritte vor.

Impressum:

© Anton Baumstark
2020
1. Auflage
Alle Rechte vorbehalten.
Nachdruck, auch in Auszügen, nicht gestattet.
Kein Teil dieses Werkes darf ohne schriftliche Genehmigung des Autors in irgendeiner Form reproduziert, vervielfältigt oder verbreitet werden.
Kontakt: Anton Baumstark/ Graslitzerstraße 60/ 84478 Waldkraiburg

Printed in Poland
by Amazon Fulfillment
Poland Sp. z o.o., Wrocław

65070413R00063